[日] 松下幸之助 口述

日本 松下政经塾 编

任世宁 译

感召力

松下幸之助谈未来领导力

人民东方出版传媒
People's Oriental Publishing & Media

东方出版社
The Oriental Press

推荐序

《致未来领导者》第一部（PHP 研究所）于 2009 年 3 月出版发行。该书问世以来，即受到各界的普遍好评。为此，我们决定出版发行《致未来领导者》第二部。

1979 年，八十四岁高龄的松下幸之助亲手创立了财团法人松下政经塾（亲任校长）。自此，本书口述者松下校长在其时间与精力允许的情况下，都身体力行，莅临本塾为塾生传经授业。

松下校长讲话中的每个词语里都蕴含着"希望年轻一代成为国家栋梁"的殷切希望。他用朴实无华的语言向年轻塾生们讲述的每句话都源于他的切身体验。这种躬行实践且令人心悦诚服的"接地气的语言"，才是超越时代，最终让他获得广泛爱戴的根源。

本塾希望通过此书将业已功成名就的企业家和躬行实践的思想家松下校长的思想精髓传递给奋斗在当今时代的更多的领导人以及志在成为未来领导者的年轻人士。

如果各位能在今后的工作和生活中，共同努力将其付诸实践，我将不胜荣幸。

佐野尚见

松下政经塾塾长

2010 年 6 月

目录

第一讲　学法

"自修自得"，学法的最高境界

第二讲　思维方式

了解事物本质，发挥智慧的作用

第三讲　干法

了解人的本质，重视人的本性

第四讲　活法

充满了无限的希望，寄托着远大的理想

第一讲 学法

「自修自得」，学法的最高境界

1　积累经验

　　有一种人，面对任何有意义的工作，都会感到枯燥乏味，最后弃之不顾。也有一种人，面对任何枯燥乏味的工作，都会全力以赴，善于在实际工作中积累经验。两者之间有着巨大反差。

　　我虚岁十七时，曾在某建筑工地里当过推车的小工。推车不需要多少文化，每天只要重复着把水泥装到小车里推来推去就行。但是，推车时也不能偷懒慢慢推磨洋工，不然的话，后面跟上来的小推车就会撞倒你。为了赚钱养家糊口，年仅十七的我，每天都必须拼尽全力地工作。时至今日，我还时常回想，推车对我的人生到底有过多大帮助。说实在的，我没有感觉到有过任何的具体收获，但我坚持认为，这种经历本身对我的人生来说意义就非同一般。

　　所以说，有一种人，面对任何枯燥乏味的工作，都会全力以赴，善于在实际工作中积累经验。也有一种人，面对任何有意义的工作，都会感到枯燥乏味，最后弃之不顾。两者之间有着巨大反差。面对同样一份工作，同样一种经历，我希望，你们每一个人都要珍惜自己人生中的每一次机会，未来都能成长为善于积累经验的那种人。

那么，怎样才能成长为善于积累经验的那种人呢？比方说，你们面前跑过一只晃动尾巴的小狗，当看到晃动的狗尾巴时，你们会从中发现些什么呢？一种人，眼睛里看到的只是狗在晃动尾巴，猫在晃动尾巴或者是狮子在晃动尾巴，这种人从始至终眼睛里看到的只有晃动的尾巴。一种人，眼睛里看到的是狗尾巴的晃动方式与猫尾巴的晃动方式以及狮子尾巴的晃动方式有所不同，他们会从晃动方式中获得某种启迪。这是两种完全不同类型的人，未来的发展必将产生巨大反差。以前，我一直在想：我应该属于其中的哪种人呢？后来，我终于想明白了，我应该属于那种无法用语言解释狗为什么晃动尾巴，但会从三种尾巴的晃动方式中收获某种启迪的人。

最近，我请你们去了专营家电的零售店实习。去之前，你们一定想过："卖一件商品能赚多少钱？卖一台电视机能赚多少钱？"通过实习，你们明确了解到，卖一台电视机能赚 1000 日元，卖一个电熨斗能赚 100 日元，不仅掌握了某些商品的营销知识，还培养了一种价值观。此外，通过参与零售店的实际工作，你们还能亲身感受到："做了那么多的工作，干了那么多的活儿，才赚了这么点儿钱。生意真的很难做，搞不好还要赔钱。"同时，你们也感受到做任何工作都要付出巨大代价，掌握了一种在书本里和课堂上学不到的另类价值观。

生活在我们的社会里，不掌握各式各样的价值观，做任何事情都会四处受阻，难以成功。所以，我才建议你们去零售店实习，希望你们在实际工作中，从多方面逐渐为自己培育出各种不同的价值观。总之，事业上有事业上的，商业上有商业上的不同价值观，首先我希望你们能在某种程度上知晓它们的存在。当然，现在不了解，不掌握也没关系，今后，只要你们愿意去培养，努力去掌握这些价值观足矣。尽管我建议你们去零售店实习，其实，我并不希望你们的眼睛只盯在零售店的生意上，也不要光想着卖出多少货赚进多少钱的具体问题，你们应该让自己的眼光看得更深入一些，才能了解到更深层的情况，学到更多有价值的东西。

有些问题，只有深入到实践中去才能真正了解和体会。一般来说，像卖一件商品能赚多少钱这样的营销知识，在课堂上老师会教给你们，但在实际营销过程中，可能发生的一些意想不到的情况，这些属于课本之外的知识，没有任何老师能在课堂上教给你们。比如，有些商品因体积大、分量重，在一个人搬不动时，需要两个人来抬。在抬的过程中，其中一人不慎摔倒，并顺势带倒了另一个人，导致同伴摔伤出血。只有你们在实践中有过类似的亲身体验，才能真正体会到"生意真的不好做"的道理。你们不要指望学校里的老师教给你们这些知识，因为他们也不具备这方面的经验。这些知识和经验，你们只能从实践中自己获取。

※　松下校长十七岁时，在大阪筑港围海造地工程中，为某水泥公司做了三个月的临时搬运工。上述讲话是他在回顾那段经历时的发言。顺便说一句，松下校长在赴大阪筑港围海造地工地的途中，意外地从渡轮上坠海，虽九死一生，但幸免于难。

　　作为松下政经塾研修课程的一部分，校方都安排塾生去松下总公司及相关企业进行研修，给塾生提供在生产和销售第一线实习的机会。

2 造福人类

> 未来领导者应该是，能充分认识人类共同肩负的义务和责任，能充分了解民众的疾苦与欢乐，愿多做有益于社会的工作，愿为民众谋幸福的人。

政经塾为你们设置了各种不同的研修课程，美其名曰是为了培养"未来的社会栋梁"，我现在觉得这种说法有些欠妥。其实，在未来的五年学习期里，对我们来说，首先应该把你们培养成一名成熟的社会成员，即让你们养成敢于承担和乐于履行社会义务所需的好传统与好习惯。

诚然，让你们多学习和多掌握一些专业知识非常重要，但更重要的是，把你们培养成能充分认识到人类共同肩负的义务与使命，能充分了解民众的疾苦与欢乐，愿多做有益于社会的工作，愿为民众谋幸福的人。如果你们连民众的疾苦与快乐都不了解，到头来，别说是成为国家的栋梁，恐怕今生今世你们连一个人也领导不了，甚至想为一个人谋幸福的愿望都难以实现。那样的话，你们也只能与社会上大多数人一样，平平淡淡地度过一生。你们希望为社会做出更大贡献的远大理想与抱负，都将化为泡影。

现在对你们来说，首要的任务是，要成长为一名成熟的社会成员。今天，你们在政经塾还处于学习阶段，暂且不能算是一名正式的社会成员，最多只能算是社会上的见习生。你们的一切都要从见习开始，我准备给你们五年时间，希望你们能在这里逐步继承这种良好的社会传统，养成好习惯。等到你们走出政经塾的大门时，我希望你们每一个人都能成长为一名有良知的、成熟的社会成员。我相信，在此基础上，通过你们自身的努力以及众人的扶持，你们一定能成就一番大事业。

※ 现在，松下政经塾的在校学习期限已改为三年。

3　自我监督

人死后会化成灰烬，但生前的一切活动痕迹永不磨灭。

要严格自我监督，对自己一生的所作所为敢于负起责任。

今天，你们不再是需要老师手把手教的小学生了，已经是一群知识渊博的成年人。所以，我没有什么东西可以教给你们了，一切都要靠你们自我觉悟。

本塾尊重每一位塾生的人格，尽可能让塾生本人对自己的学业负起主要责任。在塾期间，我们不会要求你们必须学这个或做那个，因此，希望你们要严格要求自己，切勿浪费宝贵时间和荒废学业。我认为，不会自我监督的人，不配拥有本塾的塾生资格。

你们在年龄上已成人，在学识上更出类拔萃，都受过良好的高等教育。我们把这样优秀的人才聚集在一起办塾授业，目的是自由地探讨日本的出路以及日本人的未来。然后，向社会公布你们对治国方略的研究成果。

从这种意义上说，作为首批塾生，你们的存在具有示范性的意义。对于像你们这样的高级人才，政经塾已经没有必要再对你们进一步施教了，如果你们还想让我手把手教你们，我也感到很为难。事实上，我年事已高，已力不从心了。

人各有志，我当然没有理由反对你们为自己的前途和未来着想，但我更希望你们在政经塾的学习期间，能为政经塾的发展积极献计献策，与我们共同携手把政经塾办成一所能为社会多做贡献的好学校。所以说，在塾期间，如果你们想的和做的一切还是围绕着个人的前途和未来，我认为这就不妥了。作为个体，你们每个人都可以有各自不同的想法，抛开塾生的身份。你们完全可以按照自己的意愿去做任何事情，但作为一个群体中的塾生，你们就不能再站在个人的立场上考虑问题了，一切都应该围绕着政经塾这个群体去考虑问题。

如果有一天你们当上了国会议员，更应该照此理去做。一名国会议员的去留，取决于他是否能为国家尽忠，是否能为社会尽力。所以，当你们当选国会议员后，就不能再按照自己的想法随意讲话了，无论何时都要站在公众的立场上考虑个人的言谈和举止。此时此刻，个人利益不应该被放在第一位，应该把履行国会议员的公职放在首位，在此基础上才允许你们再考虑个人该说些什么或该做些什么的问题。

比如，现在我还是松下公司的顾问，社会也认同我松下公司顾问的身份。因此，在私下交流的场合，我可以大谈个人想法，讲出私人意见，但到了公众场合，我的身份是松下公司的顾问，我的话就不代表我的个人意见了，因此，我要时刻注意不能讲出有违松下公司顾问身份的话了。

今天，在座的各位已经不再是原来的你们自己，已经成为堂堂正正的松下政经塾的塾生了。所以，你们的言谈举止首先必须符合塾生的身份，我决不允许你们中间还有人把个人的利益排在第一位，把塾生的身份放在其次。我决不允许这种个人主义的行为发生在你们身上。你们要记住，自己的一举一动、一言一行不仅事关政经塾的兴衰，还将影响未来新塾生的发展。所以，在座的各位能否都像我希望的那样一心为政经塾的建设着想，对政经塾的未来与发展将起到至关重要的作用。

除此之外，我希望每一位日本国民也都能自觉地认识到自己的日本人身份。如果每一个日本人都各自为政，山本按照山本的想法，佐藤按照佐藤的意愿这样我行我素的话，对日本有百害而无一利。因此，山本应该把自己当作日本人山本，佐藤也应该把自己当作日本人佐藤，用这样的自觉去思考问题和处理问题。这对日本来说至关重要，我希望每一个日本人都能明白这个道理。

其实，这个问题与个人诚信也息息相关。判断一个人是否值得信赖，首先要看他是否能经常站在国家的立场上，也就是作为日本人站在日本的立场上，去思考问题和处理问题。一切能以国家利益为重的人值得信赖，我希望你们都能成为这种值得信赖的人。

所以，你们要时刻铭记，无论你们何时身处何地，都应该以国家利益为重，你们不是一个人，你们代表了整个日本。我们常听外国人说，"日本人的素质太差"或者"日本人很有教养"。其实，我们每一个日本人的言谈举止都会影响外国人对全体日本人的看法和评价，甚至会影响到全体日本人的声誉。

　　常言道，人死后会化成灰烬，但他在人世间留下的活动痕迹将永不磨灭。历史将对一个人一生的所作所为做出客观的评价，或让它流芳千古，或让它遗臭万年。所以，从今天起，你们更要慎重对待自己的任何举动，多做对得起自己人生的事，让自己的所作所为经得起历史的考验，不要辜负历史对你们的期待！

4　自修自得

　　善于独立思考，敢于向社会求教，虚心接受社会的批评与指正，不断完善自我的思维方式。这才是自修自得的最高境界。

　　最终，我希望你们都能学成像宫本武藏那样的伟人。如果在没有老师指导的情况下，通过自学你们仍能达到宫本武藏的那般境界，我相信，未来，你们也一定能成为驰名天下的卓越政治家。但是，如果你们现在还是觉得单靠自学，自己很难做到这一点，仍然希望我们手把手教你们，我很替你们感到悲哀，因为你们的前程就要大打折扣。当然，如果你们还是小孩子，或者还处在不识字的阶段，或许我这个老头子还能帮上你们的忙。可是，现在坐在我面前的都是堂堂正正的大学毕业生，人人才华横溢，个个知识渊博，为此，我真的爱莫能助了。

　　对于你们来说，接下来在政经塾里应该做的是，充分利用现有知识，进一步提升自己的智慧才能。换句话说，就是要充分利用在政经塾的五年时间，通过提升自己的智慧，进一步掌握政治学和经济学的相关知识。我相信，通过五年的努力，你们一定能成长为卓越的政治家或杰出的企业家。

我本人就是靠着自学一路走过来的。我从一个不懂事的小孩子，能取得今天的成就，靠的就是学习，更靠的是拥有一颗热爱学习的心。只要拥有这颗心，当你们看到微风吹动松树时，就能从摇动的松枝中得到启发；当你们看到小狗在摇动尾巴时，也能从尾巴的摇动中获得灵感，你们的自修自得一定要达到这种高境界。现在，如果你们觉得还需要老师的教学指导，到头来，你们的成就将永远超不过老师的水平。如果连老师都超越不了，你们更难以成长为拯救日本的卓越政治家。

在座的各位之中，立志未来成为政治家的人，一定要靠自身的力量独自寻找出一条能够拯救日本的新路；立志成为企业家的人，一定要设计出一套能够使日本经济繁荣的新策略。然后，把你们的想法和方案公之于众，接受社会的批评与指正，并在此基础上逐步完善治国方略的想法和提案。我觉得，这才是你们应该达到的自修自得的最高境界。

此外，你们无论做任何事情都必须全身心投入。举一个大家都熟悉的例子，当牛顿看到下落的苹果后，发现了万有引力定律。对普通人来说，苹果熟了，理所当然要脱落，这个道理连小孩子都懂得。但是，牛顿并没把这种理所当然的事看成是天经地义的道理，他在脑海里描绘的是，为什么苹果熟了会向下掉落的情景。所以说，无论做任何事情，都要全神贯注去探索，这一点至关重要。

5　勤学苦练

要重视在实践中学习。只有在实践中勤学苦练，才能在关键时刻把学到的知识转瞬之间应用到极致，圆满完成工作。

我的切身体会是，听别人讲一百次，不如在实践中自己亲身体验一遍。每逢我观看相扑比赛时都会想，相扑运动员在擂台上的胜负只在转瞬之间，在 30 秒或 1 分钟内就已决定。看上去如此短暂的竞技体育，实际上，选手们为了台上几十秒的竞赛，每次都要在台下苦练两三个小时，直至练到筋疲力尽为止。如果相扑运动员不这样勤学苦练，就不能赢得一场场比赛的胜利。同样，现在我让你们每天早起扫除，这件事本身看上去极普通，但只有坚持这种普通的平凡事，你们才有可能像相扑运动员那样，在最需要时顺利完成好那转瞬即逝的工作。如果相扑选手平日里不拼命苦练，就不会在 30 秒钟之内取得擂台上的胜利，这两者之间的道理是相通的。

我原本体弱多病，如今八十有余，但迄今为止我仍然坚持参加早起大扫除的活动。年轻时，偶然的机会，我不得已干上了打扫庭院和清扫街道的活儿，一直坚持到今天。这就成为我一生中从实践中学习的一个重要组成部分。扫除的活儿不需要动脑，只需要活动身体就行，但正是这种平凡的扫除才成就了我今天的一番事业。

　　以我的亲身经历来看，脑袋里多装些文化知识没坏处，但仅仅做到这些还远远不行，还需要把学到的知识在实践中反复应用。也就是，还需要你们用自己的肌肤反复体验它的可用性。其实，我让你们亲身体验大扫除，正是为了这个目的。看上去，打扫庭院和清扫街道的活儿，连小孩子都会干，没有必要让你们这些大学毕业生去做。其实不然，如果你们不从这里学起，就无法真正掌握从实践中学习的真谛，即便你们拥有再多的知识也无用武之地。

　　所以，我想让你们从基础的地方学起，就是想让你们从参与早起大扫除开始学习。希望你们能重视大扫除。对此，也许有些人心里会犯嘀咕，"我才不想干这傻事！你说得也太玄乎了。"当然，肯定也会有人认同我的想法，会把它当作一项重要的工作来做，他会全身心地投入到大扫除中。这是两种完全不同类型的人，我可以肯定地告诉你们，他们未来的发展肯定也会迥然不同。

6 无人教无处学

现实社会里，有许多东西与从书本上学到的不一样，有许多东西不仅无处可学，更无人能教。面对复杂多变的形势，你们必须学会活学活用自己掌握的知识，同时，还要具备独立思考和独立判断问题的能力。这种能力的培养，只能靠你们自己去摸索和领会。

新的政治不应该照搬老套的政治学，优秀的政治家必须能够冲破旧模式的束缚，自由自在地发挥出自己的政治才能。做不到这一点的人，只能算是政治上的玩偶，我不愿意看到你们未来堕落成政治玩偶。并且，只要你们在松下政经塾的这口大锅里吃过一口饭，我也决不允许你们变成政治玩偶。

查阅历史，有许多可供你们学习和借鉴的范例被收录在相关的政治方面的图书中。这些内容都是前辈们在他们的年代做过的各种事业的总结，这些做法业已形成了某些固定模式，有你们熟知的自由主义等各种不同的政治模式。当然，学习和掌握这些业已固定成型的政治模式很重要，但我不希望你们被这些旧模式束缚住手脚，我更希望未来你们能为新世界采用哪些新政治模式提出你们的想法，拿出你们的高见。我期待着你们能成长为这种具备独立思考问题和独立判断问题能力的超一流政治家。

培养这种能力不会一蹴而就，不是想学就能轻易学到手的，就算是研究一百年政治上的学问，也不见得能搞出什么名堂。因为，即便学懂了政治学，也不见得能搞好现实中的政治。政治学有处可学，也有人能教，但现实中的鲜活政治却无处可学，更无人能教，只能靠你们自己掌握，唯一的途径正是自修自得。

今天，只要死记硬背一定数量的定律，考过几门功课，就能取得教师职格，当上学校里的老师。但是，现实中的鲜活政治，是你们在课堂上和书本里学不到的。很多场合，需要你们能做到随机应变或当机立断，必须在转瞬之间做出正确判断。当你们断定它是正义的时候，就必须毫不犹豫地为正义挺身而出。此时此刻，如果你们想到的还是自我安危或个人得失的话，就成不了政治家。你们要清楚自己的立场，你们不是为个人在搞政治，而是为国家和人民在从政。常言道，应该视生命"轻于鸿毛"，虽然我不完全赞同这句话，但在政治面前，我倒是真的希望你们能坚守这一点。虽说生命只有一次，但你们要时刻准备着为政治贡献出自己有限的生命。

今天，我又漫无边际地乱讲了一通，有些话你们可能似懂非懂。下次找个时间，我也听听你们的想法。有时间，也可以多请些政治家来，听听他们的高见。另外，在你们塾生中，肯定有些人会认为，"只要自己进入政经塾学习，你们就应该什么都教给我"。想什么都让我们来教，这种想法太过天真，我没什么东西可以教你们，唯一能教给你们的还是那句话：未来的一切全靠你们自己去努力争取。

比如，你们中间有想当政治家的人，如果需要掌握与政治相关的知识，可以买些政治方面的图书来学。但是，有些场合应该采取什么样的应对措施，与这种具体问题需要具体分析的决策能力相关的知识，任何书本里都没有记载，事实上，恐怕连著书的作者们也不清楚该如何去应对。所以，这些东西都需要你们自己去学习、领会。总之，如果我的这番话能对你们今后的自修自得有所帮助的话，也不会枉费我的一番苦心。

现如今，遇大事时真正能做出正确决策的人，在日本真是少之又少，甚至可以说连一个人也没有。其实，这也不足为奇，无论是多么优秀的政治学者，无论他们掌握了多么丰富的政治理论知识，到了真正需要决策的关键时刻，他们谁也不清楚该如何出手应对。因为，许多场合，当事者都要根据现场的实际情况，对具体问题进行具体分析后，才能拿出最佳的解决方案。

在经营方面，经营学在课堂上有老师教授，也可以从书本中学到手。但从事经营学研究的人，大多属于经营学方面的评论家，他们虽然出版了许多有关经营方面的畅销书，但我猜想这些学者可能连一家小公司都经营不好。

其实，许多事理都基本相通。假如你们以为学了剑道就一定会赢，那就大错特错了。比如，一个胆小如鼠的人，手持真剑时都会双手颤抖，他又岂能与胆气冲天的真汉子一争雌雄呢？所以，除了学习技巧外，很多时候，精神上的修炼也非常重要。缺乏沉着稳重的心态,纵然学会了优秀技法,恐怕到了关键时刻也难以发挥出来。

当今世界,知识无处不在,没有知识也寸步难行。因此,我还是建议你们要先学好政治学、经济学,掌握好各种各样的理论知识。同时,我更希望你们能明白这个道理,即掌握了再多的理论知识,也不见得所有场合都能适用。有些场合,你们遇到的问题可能与你们在书本里所学的知识对不上号。因此,你们一定要切记,知识是死的,人是活的,无论何时何地,面对任何情况,都要做到活学活用,切忌生搬硬套。

7　以素直心提升智慧

> 用知识无法阐释的问题，可以交由智慧解答。智慧是
> 人类本身具备的，提升智慧需要用素直之心。

妙用或滥用知识由智慧决定，智慧是人类本身具备的。人类需要不断提升自身的智慧水平。迄今为止，我还没听说过哪所大学里设置了"智慧专业"，也没见过专门介绍智慧的出版物。当然，也许是我孤陋寡闻，尚不知道它们的存在。总之，下面让我们一起分析一下什么是智慧吧！

先要知道，提升智慧需要一颗素直之心。假设你们用已掌握的知识去看待某种事物，在知识面前，一张白纸只能被看成是一张白纸。如果此时你们用素直之心驱动智慧再去观察那张白纸的话，你们就能看懂纸的颜色和纸的厚度了。这就是智慧的使用方式。

所幸，你们都是有文化的人，具有丰富的理论知识。所以，在接下来的时间里，你们只需进一步提升自己的智

慧水平就足矣了。那么，你们肯定会好奇地想："说了半天，智慧到底是什么呢？"说到底，智慧就是感悟，就是一种悟性。

举个例子，有一棵树在晃动，那是风在吹动那棵树。没有风，树不会晃动。风吹过来，树的某些部位受到风力的压迫会晃动。我们只要利用所学知识，就会轻松地搞懂这种普通常识。但是，我们能不能在看到晃动的树时，从深层的意义上感悟它的晃动。比如，"噢，我明白了！原来，它的晃动还有这样的作用"。如果你们能这样看待树的晃动，这就是智慧在起作用。面对任何事物，你们心里都要多问几个为什么，从中捕捉怎么才能把它充分利用到人类生活上去的灵感。这就是智慧的一种表现形式，是我心中认定的智慧。

所以，能用科学来解答的问题，不需要用到智慧。反之，用科学无法解答、用知识无法说明的问题都需要智慧发挥作用，完全可以用智慧解释。智慧，是无人能教，更无处可学的。即使去著名的东京大学，恐怕也没有人能给你们上这堂课。

可是，在政经塾里，不知不觉中你们已经向智慧靠近了一步。现在，你们每天都早上六点开始扫除，扫除后校园干净了，此刻，你们心中是否萌生了"真干净""心情真好"的感受呢？这种感受对你们来说至关重要，有了这种感受，你们才会感觉到，大家能一起参加扫除真的很重要。其实，这就是通往智慧的第一步，你们已经尝试着跨出了这一步。

8 批评与表扬

> 今后，不会再有人在你们需要的时候，批评或纠正你们的错误了。从此，你们要学会自我批评和自我表扬了。

说句实话，被别人训斥不是一件开心的事。可是，如果有人在你们最需要的时候，能大声训斥并制止你们犯错误，将非常有助于你们的成长。但是，现在不会有人在你们需要的时候，大声地骂醒你们了。如果在座的哪位能找到愿意训斥自己的人，我都替你感到高兴。

今天的日本，缺少的正是这种敢于仗义执言的领导者，有的只是一群取悦国民的所谓政治家。可以说，这才是日本现存的最大问题。如果能培养出一批敢于仗义执言，愿意对日本指点迷津的领导者，我相信日本会变得更好。遗憾的是，现在最缺的正是这样的人物。

二战后，日本逐步地发展起来，时至今日，日本的发展已登峰造极。为此，每一个日本人都沾沾自喜，自以为日本什么都好，既为日本感到高兴，又感到自我满足，他们不思进取，完全安于现状。实际上，日本正处在危机四伏的状态中，而且这种危机愈演愈烈。正所谓物极必反，它的副作用正逐渐地显露出来。其中，最典型的表现是校园里出现的青少年的暴力事件。过去，在中学里施暴完全是不可想象的，但今天这种现象普遍存在，甚至有向家庭暴力发展的趋势。

造成这种事件频繁出现的根源是过分溺爱。家长溺爱，老师娇惯，甚至政府也娇纵青少年，使得他们天不怕地不怕，变得无法无天。这种溺爱对青少年的成长毫无益处。当然，并不是所有人都这样，也有部分不需要别人的批评与指导也能照样茁壮成长的人。但在日本这种人毕竟是少数，大部分人依然需要有合适的领导者来教育和指导。今天的日本，缺少的正是这种合适的领导者。

今后，你们必须学会从两个方面严格管理自己，既要会自我批评，又要会自我表扬。当然，此话说起来容易做起来难，但只要你们愿意照我说的去做，那必将进一步促进你们的迅速成长。

9　个性与人生

一个人的个性难以改变，会伴随他的一生一世。个性强势点比弱势点好，但总的来说，个性不能太强势，太强就成了缺点，要适可而止。

你属于哪种个性的人？是个性强势的那种人，还是弱势的那种人？总的来说，一个人的个性稍强势一点好，但也不能太强势。其实，个性强不是什么坏事，但做什么事都要有度，一定要适可而止。过于强势了，就需要把超过的部分去掉。但个性永远无法从人身上抹去，它会陪伴你走过一生一世。再伟大的人也不能太强势，个性太强就成了缺点。正所谓，物极必反，一定要适可而止。

10　先见之明

　　每一个人都希望自己有先见之明，但现实生活中真正能未卜先知的人，千人中也挑不出一人。不要相信旁人有先见之明，也没有必要为预测未来而费尽心机。只要你们能认识到先见之明的重要性就足矣了。

　　"我希望具有先见之明的能力，希望能预知未来之事"，很多人都有这种不切实际的想法，我理解这种心情。但是，迄今为止，世界上还没有先见之明这门学问，学校里也没有开设过先见之明的专业课，更没听说过哪个国家开办了所谓的先见之明大学（笑声）。以后会不会有，我没有先见之明，当然不知道，将来的事谁也说不准。所以，只要你们能认识到先见之明的重要性就足矣了。不要相信旁人有先见之明，也没有必要为预测未来的事而煞费苦心。如果世界上真有先见之明，那固然好。如果你们之中哪位能预知十年之后会爆发战争，那真是再好不过了，我相信世界上每一个人都会崇拜你，为你骄傲。事实上，没有人能预知未来。或许在某天，由某人偶尔猜中了某个事件的结果，知道这件事的人都会夸他有先见之明。其实，这就如同瞎猫碰到死耗子，碰巧了（笑声）。

所以，你们根本无须为自己该不该拥有先见之明的事而煞费苦心，如果一切都能顺其自然，你的心里就会自然地产生一种特殊的感觉，"噢，原来如此！这与我之前的预想完全一致"。我经常看到杂志以及各种图书上介绍有关先见之明的文章，尤其是那些专门讲解先见之明的图书都十分畅销，但迄今为止，我从没听说有人依靠报刊猜中过什么。其实，能准确预知未来的人少得可怜，千人之中也挑不出一人。退一步说，事后敢说"其实我早就料到了"这句话的人，也难能可贵，或许百人之中能出一两个吧。总之，能准确预知未来之事，几乎不可能。如果真有未卜先知的人，今天的世界就不会变得如此混乱不堪。

世界上有许多人口超过几千万的国家，如果每个国家都能有一两名有先见之明的大师出现，那些国家就一定能发展得好。世界上也就不会爆发战争了，或者说，不会有那些战败的战争了。

事实上，日本打了败仗。过去，日本陆军网罗了天下奇才。从明治时期到大正年间，报名参加日本陆军的都是日本的精英分子，按现在的说法，都是能考上东京大学和庆应义塾大学的优等生。日本的军队里可谓人才济济。当年，各高中的头两名都会报考陆军士官大学。即便如此，那些精英也没能预知后事，最终还是发动并最终输掉了那场愚蠢的战争。现在，我们才知道不该发动那场愚蠢的战争，但当时我们什么都不明白啊。所以说，谁也无法预知未来之事。今天，只要你们能认识到先见之明的重要性就足矣了。

11 肉眼与心灵

> 应该先学会用肉眼观察能看到的那部分知识。然后，再去掌握用肉眼看不到而用心灵能感悟到的，即属于精神上的那部分知识。

你们去零售商店实习属于自修的一种学习方式，只有通过这种方式才能在实践中不断积累智慧和经验。当然，你们不光需要去零售店自修，还需要到社会上的各行各业中去自修。因为那里有各种各样的知识正在等待着你们去学习和掌握。其中，有用肉眼看不见的和肉眼看得见的知识。另外，有用精神感悟，亲身体会以及靠行动掌握等学习方式。总之，以上三种学习方式是同等重要的，但最简便易学的是，用肉眼观察的学习方式。

你们去零售店实习，属于用肉眼看得到的那种学习方式，它简便易学，易掌握。但如果你们不在某种程度上掌握这种学习方式，就无法进入肉眼看不到的、只能用精神领悟的学习中去。

所以，正常的学习顺序应该是，先要好好学习肉眼看得到的那部分知识，然后能用心灵去感悟用肉眼看不见的那部分知识。一开始就想直接用心灵去感悟，是根本做不到的。因此，在顺序上绝不能颠倒，不可从一开始就跳过用肉眼观察的阶段，直接跨入用心灵感悟的阶段。另外，如果你们的自修永远只能停留在用肉眼观察的阶段，而无法达到用心灵感悟的境界，那么，未来的你们也难成大器。

总之，我想了许多，最终我还是觉得你们应该以深入实践和自学为重点。因此，与其坐在这里听他人说教，还不如亲身到社会实践中去。这是一条最快的成功之路。我希望你们能认真听取我的建议，不要辜负我的一番苦心。

你们各位都是大学毕业生，理论知识相当丰富，已经不再需要这方面的积累了，接下来，只要你们能深入实践去学习，我保证你们的进步会更快。我可以清楚地告诉你们，即便你们中间有些人通过了博士答辩成为经济学博士，但如果让你们去商店卖货，你们所学的知识照样无法帮助你们把东西推销出去。在推销商品时，成功的关键不在于你们拥有博士学位，而是说服顾客购买你们的商品，这种本领需要在实践中锤炼。如果你们能从零售店的实习中掌握这种推销本领，我觉得你们就没有白去，你们就已经成功了。总之，深入实践中学习，把掌握的理论联系到实际，对于今天的你们来说尤为重要。

我真诚地希望你们能把深入实践作为在政经塾期间的学习重点。

第二讲 思维方式

了解事物本质，发挥智慧的作用

12　有洞察力

"一叶落知天下秋"，只有不断积累经验，才能让自己看问题更深思熟虑。成为一个有洞察力的人，对你们来说尤为重要。

总之，哪怕让我活上一百岁，做上一百年的生意，我也真的做不到这一点。有句成语说得好，"一叶落知天下秋"。在现实中，仅靠手中掌握的一点情报就能筹谋未来的大事，具备这种能力非常重要，但我认为我做不到，也不具备这种能力。但是，我觉得在座的各位同学已经初步具备了"运筹帷幄之中，决胜千里之外"的高超能力，你们在这方面的造诣都相当深厚。

在我们的社会里，有些人根本没有多少实践经验，仅凭眼睛看到的就敢大发议论。我觉得，你们与这些人完全不同，像你们这样能深思熟虑的人真的不多。你们仅凭在政经塾两个多月的学习，就能准确推断出政经塾未来的走向，就能判断出政经塾在经营管理上存在的问题，你们真的很了不起！你们具有的非凡洞察力，让我十分钦佩！

13 坚定信念

一旦选定前进方向，决不可迟疑彷徨，以免浪费宝贵的时间。此时此刻，要坚信自己找到的是一条光明的大道。人生一定要坚定信念，矢志不渝。

对你们来说，接受我们的教育和指导固然重要，但更重要的是，你们要靠自身的努力逐步巩固自己的思想体系，坚定自己的理想和信念。

谈点我个人的经验。我搞经营六十三年，一直都在做电机方面的生意。在此期间，我经历过生意兴隆的快乐时光，也体会过买卖失意的痛苦时刻。为此，我也曾有过各式各样的想法，但从来没有产生过"这条路不通，换条路再走"的念头。我始终矢志不渝，坚定地走到了今天。回过头再看看周围的同行们，许多人早就中途撒手不干了。只有我始终没有放弃自己的初衷，一直坚持着才有了今天的成就。

我的经验证明，一旦选定了前进方向，就要坚信自己的选择，坚定自己的意志，竭尽全力地走下去，这一点至关重要。我希望，你们也能像我那样，按照自己选定的方向坚定不移地走下去。有些时候，某些人也会对自己的初衷产生疑虑，怀疑"是否过高或者偏低""到底是正确还是错误"。虽然这种迟疑与迷茫在某种程度上也会成为激励自己斗志的精神食粮，但在大多数情况下，它对你们的帮助不大，只会浪费宝贵时间。

所以，一旦你们在选定的道路上迈开了第一步，即便忽然产生了"这样下去行吗"的疑虑，也不能再踌躇不决。你们应该想到的是，"既然我开始做了，就决不中途退出。我一定会沿着这条道找到自己的光明未来"。我奉劝你们，不到万不得已，尽可能不要从头再来。

总之，对你们来说，关键的是要做到坚定信念，矢志不渝。

14　向社会学习

多与人交谈，勤向人请教。通过人与人之间的交往，向社会讨教智慧和才能，最终达到集思广益的目的。

在我们的社会里，到处蕴藏着无限的智慧。你们要多接触社会，多接触人，耐心地与人交谈，虚心向人请教，向社会讨教，提升智慧。否则，你们将失去从社会中大量吸取智慧和增长才能的好机会。

通过多接触人和社会，你们会经常听到，"这件事你不该那么干，应该这样去做""如果是我的话，我会这样去做""这话，你该这么说"等，周围的人会讲给你一些显而易见的道理。通过收集众人的智慧，你们最终会达到集思广益的目的。

15 逼出大智慧

　　人正是在走投无路时，才能不断逼出身体里潜在的大智慧。任何时候都不要轻言放弃。只要你们能勇敢地面对困境，就一定会绝路逢生，找出一条最适合自己的光明大道。

　　塾生问：请校长告诉我们，迄今为止，您做出的哪项决定最重要？比如，听说您年轻时，有一段时间身体很虚弱。就在那个阶段，您还毅然决然地辞去了工作，开始了独立创业之路。一般来说，普通人在这种特殊的情况下，应该不会像您那样去冒险。因此，请您讲讲，在面对如此重大时刻，您内心到底是怎么想的？那是一种什么样的心态？怎样才能做出如此重大的决策？

　　松下答：其实，对我来说，那时前面已无路可走。当时，如果有钱，我想回老家慢慢静养。但我没钱，不可能回去静心调养身体。所以，我面临的是，不做点什么，我会被慢慢地煎熬至死的窘境。

为此，我就想不如离职后开家做年糕和小豆粥的饭铺。最终，饭铺没开成，开始生产电器插座。这样做反倒加重了我的病情。我去看医生，医生劝我收手别再继续做事业了。但对我来说，这是我唯一的生存机会，不做不行呀。换句话说，当时，我面临着生死攸关的重大时刻。

塾生问：谢谢！我听说，松下校长在大阪灯泡公司工作时，不仅年轻有为，而且工资待遇也很高。但为什么您会舍弃这条前途无量、可以让您发迹的路，敢于离职独自创办新事业呢？

松下答：其实，我得的是肺结核，短时间无法痊愈。因为会拖很长时间，说实在的，我在灯泡公司里是待不下去了。

那时，我的兄弟们都是因肺结核死去的。现在，有许多好药，治愈肺结核不成问题。但我年轻时，那个年代只要得了肺结核必死无疑。

总之，这一切都得益于我被迫身陷绝境。人在走投无路时，会不断逼出身体里潜伏的智慧。假设有一天你们真的被迫走投无路时，也会从自己的身体里逼出一直深深潜伏的大智慧。只是现在你们并没有陷入被逼无奈的困境中（笑声），主要是你们还不愁吃穿（再笑）。我们那个年代，真是吃了上顿没下顿，天天为了吃得上饭而苦恼。

塾生问：刚才，您说从来没想过要自杀。二战结束时，您在二战前亲手创立的松下电器几乎要倒闭。并且，您在创业初期亲自设计发明的电器插座也卖不出去。当时，您想没想过，自己为什么还要活在这个世上？

松下答：你问得好！我从没想过自杀，也不认为自己彻底完蛋了。当时，我想的只是不能再这样混下去，一定要搞出点名堂来。为此，从那时起，我开始了PHP运动，目的是纠正以往的错误，建立一个美好的新社会。

前方的道路千万条，重要的是看你怎么选择。如果有一天世道变得凶险，你们也不要气馁或痛不欲生。面对凶险的世道，难道自己就不能找到一些有意义的工作去做吗？有一种人会想到杀身成仁，以死谢世。还有一种人会想，我要让这世道变好，我一定能改变这个世道的模样，我要为它找到一条光明的出路等。这种人会积极地出谋划策，勇敢地站出来迎接挑战。我应该属于后一种人吧。

※　PHP是取"Peace and Happiness through Prosperity"中3个英文词首字母。原意是繁荣能带来和平与幸福。松下校长于1946年11月创建PHP研究所，开始了PHP运动。

16　万事通融

世人普遍宣扬"劝善黜恶"的观点，非常不利于拯救所有的人。我们是应该宣扬好人好事，但同时也必须学会包容坏人坏事，给好人和坏人都发挥自身作用的机会，努力做到万事通融。

我认为，人类必须拥有包容世间万物的广阔胸怀。为什么需要包容，是因为世间万物不仅在这个世界上有其存在的价值，也能起到各自不同的作用。所以，人类一定要认同善恶共存的原则，不仅要宣扬好人好事，同时，也必须学会包容坏人坏事。

对于那些犯了不可饶恕罪行的坏人，社会不是放任不管，而是要立即予以惩戒。惩戒有助于维护当时的社会秩序。但是，如果我们对待这样的坏人坏事也能以宽宏大量的胸怀，全部予以谅解或者不过分追责，这将为世间万物的成长营造出良好的环境。如果惩戒过于严厉，对好人来说是好事，但对坏人来说他们将永无翻身之日。这样做不仅不利于所有人的成长，往大了说，还会损害国家的整体实力。

所以，我们应该认同善恶共存的原则，让好人按好人的方式发挥才能，让坏人按坏人的套路发挥作用。当然，每个人发挥的作用会有所不同，但原则上都能起到一定的作用。我认为，这就是我们为什么可以恨坏人坏事，但不应该恨之入骨，应该给他们留条生路。

因此，假设在某一件事情上，如果你实在是无法宽恕作恶多端的人，你的这种心结完全可以理解。为此，你可以把坏人交给法官，让法律去追究他的罪责，这样做天经地义，无可厚非。但对你来说，也不应该恨死他，不给他留条后路。我的意思是，即便是对这类坏人，也要以大局为重，也要包容和原谅他们。

但是，如果一个人做的坏事实在无法让人宽恕，并且他也不思悔改，对于这种坏人，也只能让他们按照自己的方式去活，你们也一定不能放弃用包容方式去寻找解决问题突破口的想法。尤其是立志做政治家的人，更要有这种宰相肚里能撑船的肚量。"劝善黜恶"是社会上的普遍认知，但如果真的按照这种认知去执行，它无助于拯救社会上的每一位成员。当你们懂得了让好人和坏人发挥作用对整个世界都有益处的道理时，你们就会感受到这个世界原来真的很有趣；就会进一步明白，原来不管什么样的人，就算是坏人，在自己的手里也都是有妙用的。

有道是"退一步海阔天空"，只要你们能真正做到"万事通融"，我相信，在这个世界里，再不会有任何事情能难倒你们，任何艰险也无法阻挡你们前进的步伐。

17 人类本性

人会拉帮结派，这不属于是非曲直的问题，是人性所致。应该无条件承认有人性存在。

下面，我讲的例子应该属于人性中普遍存在的。同一个师傅可以教出不同的徒弟，以日莲教为例，下面派生出几个不同的宗派。日莲教的圣人有几名弟子，每位弟子对圣人的教导理解各不相同，他们都以日莲教教义为主，添加了自己理解的那部分内容，创建了自己的宗派。这就是人类的人性所致。

应该说，这与一个政党内存在不同派系的状况异曲同工。只要有许多人聚集在一起，他们势必会拉帮结派，一百个人就有一百个人的拉帮结派方式。人类自诞生那天起，就自带这种本性，它不是哪个人能改变或左右的。

我认为，拉帮结派不属于大是大非的问题。这就如同有人问你："人为什么会讲话？"你可能一时答不上来。其实，答案很简单，因为是上天造出了会讲话的人类。所以，我们必须承认有人性存在。

18　拒绝同流合污

　　人应该学会变通，但过分变通而放弃原则，就会导致政治上的"同流合污"。你们要学会拒绝同流合污。

　　有句成语叫"清浊并纳"，它的意思是把干净水和脏水一起喝进去，寓意是不分好坏，来者不拒。如果把干净水和脏水一起喝到肚子里，就如同同时服用毒药和良药一般，没有哪个人能这样做而身体无恙的。所以说，单拿人体来讲，"清浊并纳"逻辑上有问题。在现实中，我们更不应该好坏不分，人家给你什么就要什么，应该做到只接受好的东西而摒弃不好的东西。就像正常喝水那样，只能喝干净水而不能喝脏水。可是，在现实生活中，我们也很难做到面对一碗有清有浊的水时，能巧妙地避开浑水，而只把清水喝进去。没有哪个人能有如此高超的本领，反正我没有。

　　所以，干净水和脏水要先分开后再饮用。有人说，我擅长"清浊并纳"，干净水和脏水一起喝点也无妨，即便我同流合污了，我也会清者自清。当然，如果你真的能"出淤泥而不染"，那当然好得很。但事情不会像你想象的那样简单，如果没有一个超强心脏支持你，我劝你还是只喝干净水而不要去碰脏水。否则，一旦同流合污后，谁都难以从泥潭中自拔。

有人说，搞"同流合污"不可怕，只要擅长变通，不死板，就能做到同流而不合污。因为，政治这种东西很微妙，搞政治不可能只喝干净水而不喝脏水；谁都不能独善其身，否则，根本不可能在政治圈里混下去，这也是无奈之举。

总之，让我来说，你们就是不应该搞"同流合污"。对你们来说，应该坚持饮用干净水，拒绝喝脏水。因为，今天的日本政治已经太过于"同流合污"了（笑声）。照此下去，日本的政治将永无出头之日。

19　人与智慧

发明会带来进步，也会引发灾难。人类应该依靠智慧
化解这个难题，用智慧调控发明的进度。以智慧为"协调
员"，重新思考人类到底需要什么样的繁荣、和平与幸福。

发明固然重要，但眼前抑制发明的速度可能更重要。
为了防止因发明过多引发的灾难，人类应该用智慧把发明
速度调控在某种可控的范围内。这种调控手段就是政治。

今天，我们必须停止无序的发明和无休止的进步了。
地球上，如果真有权威性的世界级政府，它就应该明确地
向日本发出警告说："你们国家的发明已经太多了，它将
给世界招致巨大的灾难。从现在起，你们必须减少发明，
不要再发明了！"当然，我们也必须按照它说的去做。

可是，现实的情况正相反。人们对自己的发明沾沾自
喜，认为发明越多越应该自豪。各公司相互攀比，争先恐
后地搞发明，他们骄傲地对客户说："我们公司又有新的
发明了，这种产品别的公司还没有研究出来。你就买我们

公司的产品吧！"看上去，他们这样做合情合理，一点问题都没有。但我觉得这样下去太可怕，未来会更危险。所以，我认为是时候让智慧充当"协调员"了，人类也该动用智慧来调控发明的速度了。同时，也是时候用智慧重新思考，什么是真正的繁荣，什么是真正的幸福，什么是真正的和平等老生常谈的问题了。但遗憾的是，现在已经没有哪所学校能够教授这些内容了。

所以，我想让你们在这所政经塾里对上述课题展开研究。你们应该清楚自己现在的立场，你们是作为研究人员进入政经塾的塾生，因此有责任和义务搞好这些研究科目。当然，给你们10万、20万日元的薪酬让你们完成如此重要的工作，酬劳是少了点。我也认为给你们再高的酬劳也不为过。遗憾的是，我给不了你们那么多钱，这里也没有老师能教你们这些学问，只能靠你们自己相互切磋和研究，共同搞出满意的研究成果。这也是我向你们各位塾生发出的呼吁。

对人类来讲，拥有智慧胜于一切。可以说，智慧是人不可或缺的一部分。人类本身就有智慧，智慧也就是人类的化身。提升智慧也就等于人类自身的进化，人类自身的进化也等于提升智慧。这是一个很有意义、值得研究的课题，我希望在座的各位都能响应我的号召，积极投身到这种课题的研究中去。你们一旦明白了这种研究的重要意义，就会下定决心完成好这项研究工作。

总之，你们要集思广益，把大家的好想法、好主意都汇集在一起，努力搞出一个高水平的研究成果，你们的研究成果一定能为世界的发展和人类的幸福做出贡献。不管你们信不信，反正我信。

20　自讨苦吃

只有饱尝过千辛万苦，心灵的慧眼才能打开，才能真正懂得什么话可以相信，什么人值得信赖。

偶尔，听了那家零售店主的一番话，我感慨万分，打心眼里感觉到他"真的很了不起"。他的生意做得风生水起，让我十分钦佩，内心里甚至起了"应该让他去当日本首相"的念头。我希望你们也能认识到他的过人之处。他的真正伟大就在于，他像相扑比赛中横纲级选手能轻松赢得比赛那样，在日常的商业竞争中，也能干净漂亮地赢得每一个回合的胜利。对于他取胜的原因，你们应该去深入了解，认识到"原来他是这样做才立于不败之地的"，真正做到心中有数。你们都是上过大学的人，如果连这点小事都搞不明白，我会小看你们的。

我与你们不同，我没上过大学。所以，我每次去那家店都受益匪浅，能学到许多东西。那位店主经常指点我说，"松下先生，你应该这样去做""这次还可以，下次注意吧"。另外，他还主动地告诉我一些经营上的事。比如，"你的这种产品不应该再卖了""这种产品的样式太老气，松下电器该拿出新产品替代它了"。我经常在想，他真的比我强，说不定他搞经营的本事已经大大超过了我。我说这话你们也许不信，反正我信，这或许就是我与你们之间存在的代沟吧。因为，我一生中吃过许多苦，更能体会到其中的各种缘由。有机会，你们也应该尝试一下吃苦的感觉。

如果用相扑来比喻，那家零售店的店长应该属于横纲级别以上的超级横纲。当然，他的经营能力完全属于超级横纲级别的水平。这些你们暂时还不会明白，因为你们心灵的慧眼还没有打开，特别是经营上的慧眼根本没有打开。我已经打开了经营上的慧眼，对他的一言一行了如指掌。因此，我打心眼里佩服他。我偶尔也曾胡思乱想过，"他能把这家商店经营得这么好，我是不是该把松下公司的经营也交给他做呢"。至少，我真的这样想过，"我应该给他营业本部长的职位，让他做做看"。

总之，我请你们去那家店里实习，向他学习经营，如果你们连上面的情况都搞不明白，那就等于白去。所以，你们必须明白，只有信任那些值得自己信赖的人，才能从他们身上学到真正有用的东西。

假设，你们向剑术大师宫本武藏讨教剑法，如果连他的过人之处是什么都搞不清楚，还怎么学习，更谈不上学好他的剑术。吃甜食时知道它的甜，是因为舌头会品味。如果舌头麻痹了，即便吃下栗子羊羹也品尝不出它的甘甜。同样的道理，假设你们的头脑麻痹，就算是最优秀的大师教你们，你们也学不到任何有价值的东西。

21　奋发图强

日本是个重视"实力主义"和"实践主义"的国家。日本人提倡勤劳、忠诚以及"认理不服输"的精神，这些都构成了日本社会的独有特征，为日本奠定了繁荣的基础。

日本人有许多优点，尤其是下面这些优质特性，似乎只有日本人才具备，或者说，只存在于日本的社会中。

第一，日本人非常热衷于教育。日本人不是为了教育而进行教育，更提倡理论联系实际的教育思想。自古以来，日本就有重视"实力主义"以及"实践主义"的传统。

在江户时代，日本设置过许多"寺子屋"，那时，连普通的老百姓都热心教育。在那里学习社会上实用的"读写与珠算"等基础技能。几乎所有的日本人都是从学会"读写与珠算"开始走上社会的，然后，再让他们接受社会中的实用教育。譬如，做买卖就要从学徒开始学起，然后升至伙计，再升至管家。也就是说，开始时，要先拜店主为师，在实践中逐步提升个人实力。这种社会教育逐步发展成日本的传统教育理念，从江户时代开始，日本就形成了重视"实力主义"的氛围。

"实力主义"为今天日本奠定了繁荣的基础。当今日本社会，无论是企业还是政府机关，都仍然保留着重视人才培养以及给予每一个有实力的人升迁机会的传统。这就成为个人奋斗的根源。每一个日本人都清楚，只要自己想干，就能有机会向个人的极限挑战。在这种大环境中，每一个日本人都会竭尽全力奋发图强。可以说，是他们努力的总和使日本今天的繁荣变为可能。

第二，佛教和神道对日本的影响。日本是一个非常勤劳、富有忠诚心的民族。

勤劳和忠诚造就了日本人"认理不服输"的精神，形成了某种意义上的良性竞争环境。现在，日本政府的第二次临时行政调查会正在讨论行政改革方案，作为建设活力社会的必要条件，这种竞争原理被列入了审议案中。

我认为，必须把"认理不服输"的精神完全保留下来。我记得，在我年轻的时候，大家就算是为每天早起的大扫除，都会争得不可开交，除了清扫自家的门前外，还会顺手清扫三五家左邻右舍的门前，那是一种决不能输给邻居对手的强烈竞争意识。今天的社会里，已经很少能再见到这种不服输的气概了，对此我多少有点遗憾。我希望，日本社会里的这种优良传统，能永久地保留下去。

22　悲观与乐观

> 在变革期间，总会有一些新事物出现，一些旧事物消亡。不仅商品如此，人生也一样。当面对各种各样的问题时，如果只看到其中的一个方面，很容易产生悲观或乐观的情绪，需要具备全面看问题和处理问题的能力。

当今社会正处在一个变革期，在此期间，总会有一些旧事物消亡，一些新事物出现，正所谓旧的不去新的不来，这是世间万物发展的必然趋势，你们要学会从两个方面看待这个问题。

具备了从两个方面看问题的能力，你们就能看到世间万物都有成长的一面和衰落的另一面。如果你们眼里只看到衰落的一面，内心必然会产生悲观的情绪。所以，在变革期间，你们同样要看到新事物正在苗壮成长的一面，并且要大胆地拥抱新生事物，努力跟上时代发展的快节奏，决不能成为变革时期的落伍者。

在变革期间，各个方面都隐藏着许多不安的因素。不仅电器产品有更新换代期，人生也有转折期，并且这种转折期正在以超常的速度向我们袭来。在这极其苦难的时期，如果我们只看到两个方面中的一面，而忽视了另一面，必然会产生悲观的情绪，容易造成不良后果。现如今，日本的政治也迎来了变革期，今天的政治已经落伍，是时候推出新政了。

所以，我们政经塾也必须从两个方面去观察当前的日本政治：一方面要看到逐渐衰落的旧政治，一方面还要看到陆续诞生的新政治。如果你们的眼睛只盯在旧政治上看，就会越来越感到悲观与失望。因此，你们更要关注那些正在陆续诞生的新政治，必须主动去拥抱，重新去认识它们。你们现在最重要的是，要学会冷静地观察和认真地面对眼前的一切。

有消亡的过去就有新生的未来，你们的眼睛不能只盯在消亡的过去上，也要看到新生的未来。当然，也不能只盯在新生的未来上，还应该看到现在还没有消亡，仍在生存中的现状，我们的一半生活还依托于它。对于它，我们也要从两方面去观察，可以按比例把它分成过去的占

50%，未来的占 50%。

以此类推，经常有消亡的，就会经常有新生的，新生的占一半，死去的也占一半。葬礼代表着死去的，而接生婆则代表着新生的。我们的社会有这两方面的需求，需要有死去的，也需要有新生的。因此，如果不能从这两方面看问题，就不可能全面了解事物。

在这点上，今天的状况与两千多年前佛祖诞生时的情况完全相同。人类社会就是在这种生与死之间，不断循环往复地变化和发展，不断有旧人逝去，也不断有新人诞生。因此，你们的眼睛不要只盯在死去的人身上，或者只关注新生的人，这两种看问题的方式都不对，必须学会从两个方面看问题。悲观主义者容易看到死亡的一面，而忽视新生的一面；而乐观主义者容易看到新生的一面，却忽视了死亡的另一面。两者看问题的方式都是错误的，都有片面性。

今后，无论你们是搞政治还是做企业，都要培养全面看问题的能力，这正是我希望你们在政经塾里学到的东西，遗憾的是我这里没有人能教给你们这些本领。尽管你们都大学毕业了，但想依靠现有知识到社会上去闯荡，我认为还远远不够用，仍需要到实践中再努力锤炼自己。政经塾担负着让你们深入到实践中再学习的使命，这正是我们办塾的主要目的之一。

总之，当你们走上社会时，会面对各种各样的复杂问题，届时，只要你们能发挥出在政经塾学到的全面分析问题和解决问题的本领，我相信，不管面对任何难题，你们都能迎刃而解。

23　心存善意

信念越坚定，拥护者就越多。成败的关键在于有坚定不移的信念。这一切的前提在于心存善意。

有了一种坚定的信念，就会有更多人聚集到你的周围。所以，信念越是坚定，身边的拥护者就越多。反之，放弃信念，支持者就会离你远去，选票也会越来越少。因此，决定选票去向的不是选民，而是身为被选举人的你们自己。成败的关键在于是否有坚定不移的信念，我是这样认为的。

当你站在街头举办竞选演说时，如果脸上带着一丝不自信或不安的神情，就不会有人走过来听你的讲演。反之，如果你的演说充满着激情和自信，假设你说的不全是真话，也不会有人认为它不真实。

当然，谎话是不应该讲的啦（笑声），但俗话说，话糙理不糙，这就是现实嘛。所以，我认为只要心存善意，讲些什么都无所谓。反之，心存歹念时，讲什么都不得人心，选举也注定会失败。

如果你们心存拯救日本的善意，就一定会胜选。当然，一次可能选不上，你们需要参选两次或者三次。如果第三次还是没选上，那时你们就可以放弃再选了。总之，你们至少要选三次。我觉得，只要你们心存善意，早晚能当选。

第三讲　干法

了解人的本质，重视人的本性

24 锤炼人格

只有经历过千锤百炼的人格，才能使事业大放光彩。

今天，当我们回顾那些成功企业家的经历时，都能看到他们走过的是一条条荆棘丛生的艰险之路。我想，在那条不平坦的道路上，他们肯定历经了旁人无法预知的、更无法用语言描述的千辛万苦。

对个人来讲也是一样的，每一位成功人士都有过类似的艰苦经历。只有经历过千锤百炼的人格，才能使事业大放光彩。

各位塾生在自己的人生道路上，也应照此模式，认真地锤炼自己的人格。

25 切忌浮躁

无论是搞经营还是搞政治，都要警惕犯心浮气躁的毛病。心浮气躁办不成大事，缺乏激情的话任何事业也难以成功。

做事切忌心浮气躁。搞经营就一定要踏踏实实地深入实践学习经营，只有亲身经历过才能真正了解和掌握经营的真谛。缺乏对事业的激情，就会导致心浮气躁，对问题只求一知半解。只要能充满激情，愿意全身心地投入到实践中学习，搞经营的人就一定能学懂经营，搞政治的人也一定能学懂政治。

你们肯定听说过"给小猫一块金币"的谚语，我不希望你们像小猫那样，拿着那块金币却不知道它的价值。

所以，这次我对你们去那家零售店实习寄托了无限的希望，给了你们好机会，千万不要像小猫那样不知道该如何利用。我希望，你们从零售店实习归来后都能收获满满，每个人的总结报告都应该呈现出累累硕果。至少，你们中间某个人的总结报告上应该明明白白地这样写，"做生意必须像他（店长）那样真情投入。在员工的管理和使用上，必须做到像他那样体贴入微，否则就管理不好店员"。其实，他的真正过人之处就在于，给他十个人让他使用和管理，他能在短时间里把每一个新店员都打造成可用之材。这绝非像你们想象中那么容易。只有你们真正体会到培养和管理员工是多么辛苦的工作后，你们才会打心眼里敬佩他，再也不会轻视他的能力或站在一旁说风凉话了。

你们去实习前，我先提前透露点有关那位店长的小秘密给你们。其实，由于店长他人好，店员们打心眼里喜欢他，因为感激店长，他们才那么努力地工作。所以，仅仅过去一年，他们都成了可用之材。这才是那位店长用人的秘诀，一个你们不该忽视的优点。其实，一家成功的企业，必须先是一家会用人的单位，不会用人的企业，注定发展不好。因此，对企业来说，最大的难题就在于人才的使用和培养。

其实，那位店长还很年轻，只有四十岁左右，但他有着丰富的人才管理经验，在员工的使用和管理上，他比其他任何人都上心，几乎倾注了他的全部心血。我听说，就算是对一名十五六岁的小学徒，他也曾废寝忘食地琢磨培养方案，绞尽脑汁地去栽培。我希望你们去了之后，一定要想方设法了解他这样做的真实想法。你们必须学到他在人才培养和管理方面的精髓，否则，你们不可能成长为成功的企业家。

在我看来，作为一名店长，没有必要读那些让人看不懂的书。因为，来店里购物的顾客都不是奔着店长是经济学博士或者是所谓的名人才来的。的确，那位店长不是经济学博士，也没有什么大学问和名气，但是，顾客到店里的感觉非常好，店员的服务周到，商品的种类齐全，这才是顾客蜂拥而至的根本原因，才是成功经营的诀窍。其实，政治家成功的诀窍也大同小异，作为一名政治家只要他能诚心诚意地服务于每一位国民，选民就一定会投票给他。

26　建立诚信

> 欲成大事者，必先立信。拥有资本固然重要，但拥有诚信更重要。建立了诚信，资本就会纷至沓来。

将来，无论你们从事任何职业，都先要建立起自己的诚信。有了诚信，资本就会纷至沓来。至少，你们应该在政经塾的五年时间里，为自己的诚信打下良好的基础。不要担心缺少资金，立信会为你们带来所需的一切。

我相信，只要你们的信念与政经塾的办学理念一致，在此期间，你们就一定能为自己的诚信奠定良好的基础，政经塾也会因此越办越好。

27　人才与命运

渴望人才，不见得一定能得到，需要靠命运来安排。但如果缺少渴望人才的意识，便不会有机会获得命运的眷顾。必须先拥有渴望人才的强烈欲望。

塾生问：无论是搞政治还是做其他事情，都需要有人帮扶，或者是有人肯与自己同甘共苦，一起战斗。我们听说，您从创业阶段起，就获得了井植岁男、高桥荒太郎以及丹羽正治等人的无私相助。我的问题是：如何才能求得这样的人才？

松下答：这样的人才可遇不可求。我是在无意之中结交了他们。

塾生问：您说的是无意之中吗？

松下答：是的。说白了，是冥冥之中，全靠命运的安排。命运安排我遇到井植君。

塾生问：您相信命运吗？

松下答：当然，如果没有求贤若渴的迫切感，命运也不会把我们安排在一起。在人生中，肯定会有一些人愿意帮助你，但你也许会拒绝他们的帮助。因此，能否相知相遇，主要是看当事人是否具有求贤若渴的迫切要求。只要对自己的工作充满了激情，就自然会产生求贤若渴的迫切感。

　　※　井植岁男，1902 年生，1969 年去世。曾任松下电器专务，是三洋电机创始人，松下幸之助夫人的亲弟。1902 年他与松下幸之助及姐姐（松下的夫人），三人共创了松下电器公司。第二次世界大战后，离开了松下公司，独立创建了三洋电机公司。

　　※　高桥荒太郎，1903 年生，2003 年去世。曾任松下电器产业公司会长。1936 年，松下电器公司与朝日干电池公司签订了长期合作业务以及资本合作协议，高桥作为朝日干电池公司向松下电器公司派遣的监督员，进入松下公司，开始时担任监察科长。从此以后，高桥作为松下公司的大掌柜，一直在台前幕后支持松下幸之助的工作。

　　※　丹羽正治，1911 生，1992 年去世。曾任松下电工公司会长。1932 年进入松下电器制作所工作。1947 年任松下电工公司社长，1977 年任会长。丹羽是松下幸之助最信赖的老部下之一。

28 心无二用

> 多种经营必然导致企业经营活动的复杂化。此时此刻，应先重新确认企业制定的经营方针，在此基础上，坚定不移地贯彻执行既定的方针政策，这才是企业成功的秘诀。人生成功的秘诀同理，一个人的精力是有限的，先要把有限的精力全部集中在同一领域里，这样才能获得事业上的成功。

一般来说，企业要发展就要搞多种经营，但多种经营并不能保证企业一定能发展壮大。因为，随着业务的拓展，企业的经营会变得越来越复杂。

譬如，表面上看，欧洲机电巨头菲利普斯公司是通过增加产品种类和搞多种经营，才获得了巨大的商业成功。但仔细观察菲利普斯公司的发展过程，你会发现其实它并不是什么项目赚钱就搞什么项目。菲利普斯公司明确知道自己公司的业务重点在哪里，制定了该搞些什么不该搞些什么的经营方略，通过坚持既定方针，最终成长为欧洲机电企业中的巨头。

　　大家普遍认为，中小企业的竞争力弱，比不上大企业。但实际上，它们的竞争力并不弱。我在经营雇有五十名员工的公司时，对企业里每一位员工的想法都了如指掌，我能轻而易举地把自己的经营思想灌输给每一位员工。这种近距离的接触，促进了相互了解，产生了企业的凝聚力，极大提升了员工的积极性。在今天复杂多变的环境中，大企业因船大不好掉头，办事拖拉，对策滞后，在瞬息万变的竞争中往往失去先机，处于被动挨打的地位。反之，在经营上，中小企业可以采取灵活多变的对策，也能取得立竿见影的效果。从这种意义上看，我反倒是觉得中小企业的实际竞争力并不弱，经营上不仅可以灵活多变，还能时时标新立异，处处不拘一格。

　　大企业给人的印象是高大上，但实际上是外强中干，名不副实。在企业的经营管理上，很多事情往往因为照顾不过来而造成失误，最后错失良机。

　　拿我来说，在创业初期，对企业里的所有事我都亲力亲为。当企业的规模发展到五十至一百人时，那是我工作最忙碌的时期。但天有不测风云，不幸我病倒了，再加上无法承担更多的工作，于是我决定在公司内部设置事业部负责制，把手中的权力全部移交给了事业部负责。这样做的效果反而更佳。

其实，一个人的精力是有限的，正所谓一心不可二用，每个人都应该先专心做好自己的本职工作。对企业来说也是同样的道理，一个企业的力量也是有限的，应该先把全部力量都集中在同一领域里，专心经营好一种优势产品。

29　广告宣传

> 不要为滞销商品打广告，应该把做广告看成是为了健全社会和人类心灵的一项工作。不要把自己做的事看成是自己一个人的事业，应该把它当成是为人类做贡献的"善事"。这样的话，你们就会心安理得地为自己的事业做广告，放心大胆地宣传自己了。

一般来说，好商品不需要自吹自擂，自然会有追求者替它扬名四海。厂家需要做的只是，不断向社会推出不需要做广告宣传的优质产品。

话虽如此，但我仍然认为，生产出好产品后，让消费者尽早知晓这种好产品的问世，才是正确的经商之道。因此，要提早着手广告宣传工作。

其实，经商为的不是自身的利益，而是通过生产产品，为全人类做贡献。为此，你们要坚信，做生意是一种积德行善的行为。所以，生产出好产品就有义务大张旗鼓地广泛宣传它们。

但你们也要切记，不要为那些滞销商品做广告，这种只为赚钱而打广告的行径纯属歪门邪道，会导致诚信受损。

　　与过去相比，今天的广告技术更发达，但其中掺杂着许多为讨好眼前的社会形势而设计的广告。这种广告当时看上去很有趣，但事后你甚至都记不得它宣传的是什么产品，我不觉得它是好广告。理想的广告应该是，在不知不觉中让广大消费者受益，能为健全社会和人类心灵做出贡献的。那些为滞销商品做的广告，会伤害消费者的心。

30　社会共识

> 在我们的社会生活里，有一种特殊的社会义务存在，它无须签字画押，是人与人之间在现实生活中形成的某种不成文的社会共识。不遵守社会共识的社会成员，不是成熟的社会成员，事业更不会成功。

这次，我请你们去零售店帮工，希望你们能在那里多待上几天。时间长了，你们才能真正了解零售商们的工作是多么辛苦，卖出一台电视多么不易，生意多么难做。身体不好干不了零售商的工作，他们要经常加班熬夜，还需专挑顾客爱听的话去说，注意不能让顾客扫兴，要守规矩，懂礼貌等。总之，若想成为称职的零售商，他们什么知识都得懂点，什么本领都得会点。

所以，即便你们想在这个社会里过上普通人的生活，仅凭书本上学到的那点知识也远远不够用。某种程度上，还要掌握大量的社会常识。不懂社会常识，你会四处碰壁，到处挨骂。所以，无论从事何种工作，想成功都绝非易事，即便是想小有成就也会困难重重，需要付出巨大努力。

当然，有人会说，对我来说成不成功无所谓，只要看破了红尘，抛开一切，反倒会让自己活得更轻松。其实，嘴上这么说的人不见得心里真的这么想，行动上真的这么去做。没有人会轻易放弃自己的人生，任何人都会对自己的人生抱着不同程度的渴望，希望通过自己的努力在某种程度上实现自己的人生目标。因此，只要是人就有欲望，就不会轻易看破红尘，更不会轻易放弃自己的人生目标。

所以说，任何人为获取属于自己的那份收入都会努力奋斗，会为此付出相应的代价。零售商们为赚取属于自己的那部分合理收入，也必须承受巨大压力，付出艰苦努力。比如，一对夫妻经营一家小商店，因为只有夫妻二人，只要丈夫与妻子简单沟通一下，任何复杂的问题都容易解决。但是，如果商店规模扩大了，店里雇用了一个外人，这时作为这家商店的老板就必须对雇工多操一份心，从此平添了一份辛苦。

如果受雇者属于老实厚道的那种人，店老板就应该暗自庆幸，到一旁偷着去乐，也许他心里会想："这次我可捡到大便宜了！"但是，这位店老板不见得次次都能雇到可心的帮工，偶尔也会遇到不省心的家伙。当新雇员做出让顾客扫兴的事时，这位店老板也只能感叹自己时运不济，也许心里会想："这次我摊上倒霉事了！"

在用人的问题上，一般来说夫妻店比较好管理，容易让顾客得到满足。但只要多增加一人，并且那位新增加的店员如果工作上出了纰漏的话，顾客就会向店老板抱怨道："你家店员的服务太差劲！"此时，店老板也只能仰天长叹，肯定会想："我该拿他怎么办呢？"从此，他又平添了一份辛劳。

雇用三个人要付出三倍的辛苦，雇用十个人自然就要付出十倍的辛劳，这是常识。我相信，大部分雇主都会心中有数，能明白这个道理。当然，也会有人不这么想，他觉得自己雇了十个人干活儿，自然就会减少自己的工作量，有人替自己干活儿，想当然地以为自己就会少受累。假设你们当中真的有人产生了这种念头，那就大错特错了。举个例子，"喂！这活儿你该这么干"，只要是店老板发话，一般来说，店员都会照他说的去做，基本上不会有人提出异议，更不会有人说："老板！不行啊，我没法照你说的做。"大家都会说："老板，我知道了！"即便他们都说知道了，内心也非常想干好，但也有因能力有限而干不好的时候。最终，那些没有处理好的事，还得由店老板亲自处理。所以，多一个人就多一份累，多用十个人就要付出更多的辛劳。你们务必记住我的这些话，今后在用人时要做到心中有数。否则，不仅事与愿违，理想与实际产生的落差更会让你们感到不适和沮丧。

在用人的问题上，由于你们缺乏实际经验，无论我现在说什么，你们都很难全部领会。当然，不排除在座的同学中也有已经领会的人，但我想大多数人对我的话最多只能是一知半解。就像有人说："糖很甜哟！"大部分人都会应声道："是吗？"此时，他们还不知道糖的味道，因为还没有用自己的舌头品尝过。所以，任何事情不去亲身体验，就不会了解事情的真相。我知道，你们都心比天高，前途无量，但千里之行始于足下，所以，我还是希望你们能从刚刚举过的"糖很甜"的例子出发，开始你们的人生旅程。也就是要想知道糖到底甜不甜，就必须亲口去品尝，要想了解零售店的经营，就必须深入到实践中，亲自去体验零售店的工作。

下面，我说点开店的经验给你们听。你们都知道，开店做生意，先要开门营业。假设你们在东京的银座开了一家商店，按常规所有的商店都应该在周日休息，周一至周六开门营业，但唯独你家不按常规开门营业，这样的话，你的行为就会影响到左邻右舍的商店，甚至会给整条商业街的生意造成不良影响。所以，只要你在这里开店，就要按时开店和闭店，这是你对周围的商店承担的不成文的义务。此时，对你们来说，重要的是察觉到这种特殊义务的存在。许多人会说，没关系，时间长了就会习惯的。当然，作为某种生活习惯，你们会很快了解的，但能否真正明白其中蕴含的人与人之间形成的某种默契，才是问题的实质。

下面，我再举一个你们身边的例子说一下。比如，五个好朋友同意一同结伴外出旅行。旅行期间，五人应该采取集体行动，避免个人的单独行动。其中某人即便有单独活动的想法，也应该按照集体活动的原则，随大家一起行动。此时，只要把它想成是朋友之间的快乐出游，心中就不会感到负担，反倒会更多地感受到轻松与欢乐，也不会再为不能单独行动而感到心中不快了。

其实，参与社会活动与参加朋友旅行，道理是一样的，只是社会上的五人之间的关系不如五个朋友之间的关系那么亲密。社会上的五个人性格迥异，每个人都会按照自己的方式开店做生意。一旦这五个互不相识的人把商店开在同一条街上，他们之间就产生了连带的责任和义务。如果其中一家商店我行我素，单独地选择营业和闭店的时间，就会给往来的顾客留下不好的印象，他们会相互议论说："那条商业街最好别去，动不动就闭门歇业，我们还是去别的地方吧。"这种单独活动破坏了社会上五人之间本该协调一致的某种共识。

所以，既然你要在此地开店，除了法定节假日外，如果大家都在早八点开门营业，你就必须在八点准时打开店门；如果大家统一在晚十点闭店，你就应该在晚十点准时关上店门。如果你不这样做，就会给周围的店铺带去麻烦，让店主都感到很为难。这是一种必须履行的义务，即便是没人签字画押过，也必须自觉遵守。在我们的社会生活里，有许多类似的社会共识存在，从今往后，你们必须更多地了解和掌握它们。只有了解和掌握了丰富的社会共识，你们才能真正融入到社会中，成长为成熟的社会成员。

31　专心正业

> 我们生产的产品不输于任何企业。当企业有余力拓展业务时，我劝你们还要一忍再忍，继续专心做好当前的本职工作，争取把手中的优势产品提高到世界级水平。

我刚创业时，大企业还不多，大企业也不是每个经营项目都能赢利。与中小企业相比，大企业家大业大，信誉度高，但它的经营范围广，工作量之大让企业的主要领导者无法顾全公司的业务。当时，我的公司只从事单一产品的生产，至今我还清楚地记得，那时我真的这样想过，我的企业虽小，但我对自己生产的产品很自信，自认为绝不会输给任何大企业。

对生产厂家来说，"博而不精"是经营上的大忌。厂家只有集中使用资金，努力提高技术水平，才能提高生产效率，最终立于不败之地。

因此，当你们的企业感到有余力想拓展业务时，我劝你们还要三思而后行，还要一忍再忍，继续专心做好当前的本职工作，努力提高竞争力，争取把手中的优势产品提升至世界级水平。

另外，对大企业来说，更要懂得舍弃那些给企业增加负担的业务。

多年的经验告诉我，生产厂家要多品种，小批量或者中批量生产产品，要靠技术定胜负，这种思路才是企业生存的正确选择。只要厂家能按照这种思路坚持下去，随着同行业的企业在竞争中被大量淘汰，竞争对手减少后，此时你们的企业不仅能继续生存下去，未来，你们期待的国内和国外的订单，也必然会接连不断。

专心做好本职工作是放之四海而皆准的真理。专心致志地生产一种不输于其他任何厂家的优势产品，对任何企业来说都至关重要。

32 物尽其用

建筑城墙用的石块有大有小，它们各自根据需求，发挥着自己的作用。只有由大小石块共同建造的城墙才能真正坚不可摧。做生意也是同样的道理，应该根据企业规模的大小，在突出自身的特点上多下功夫。

在日本各地，大商场与中小商店之间经常会发生摩擦，原因很多，形式也各不相同。有些说法是，大商场以大欺小或者是中小商店服务不周等。我想换个角度去思考这个问题。

比如，当你们观察城墙时，会发现城墙是由大小不等的石块筑成的。人们想当然地认为，城墙上的大石头比小石头起的作用大。其实不然，大小石头都根据不同的需求发挥着自身的作用，只有由大小石块共同建造的城墙才能真正坚不可摧。所以说，小石头和大石头都同等重要。

换个角度想想，大商场应该发挥大商场的长处，中小商店也要根据自身情况，发挥出自己的特长。不要因为自己商店的规模小，就担心早晚会被大商场挤垮。小商店虽小，但也拥有大商场不具备的优势。因此，只要小商店在发挥自身的特长上多下功夫，就能在激烈的商业竞争中立于不败之地。

如此，只要每家商店都能发挥出自家的特长，顾客就会根据各家商店的特点前来购物。也就是说，生意能否成功不在于规模的大小，关键在于是否有独到的经营能力。另外，小商店不见得永远那么小，而大商场也不可能永远那么大。它们都会根据需求转变自身经营模式，有时扩大，有时缩小，这才有经营上的乐趣。

我在初创松下电器时曾想过，如果事业失败了，我就去开一家面馆。最近，有人问我："如果现在再让您开一家面馆，您最想做些什么呢？"

我回答说："首先，我把选好址的店铺附近的饭馆全都吃个遍。然后，把所有饭馆的特点都查个清楚。了解哪家饭馆门面虽好，但菜品味道不佳；哪家饭馆菜品味道虽好，但服务不周等。做到知己知彼，开一家弥补周围饭馆缺陷的面馆。"

当然，这可能是一个较极端的例子。总之，要想经营好一家商店，就必须下苦功夫深入研究和细致探讨经营上的所有问题。

　　归根结底，重要的是，要做到准确把握顾客需求和努力满足顾客。

33 致命一击

在工作中和生活里，千万不可忽视"致命一击"的重要性。

昨天，我参加了你们各位年底前去实习过的各家商店老板的聚会。他们对你们的印象还不错，都异口同声地表扬了你们，没有人说过"那小子太差劲""他们尽帮倒忙"之类的话。他们都表扬你们说："真不愧是政经塾的人，就是与众不同！"总之，也许是当着我的面没人敢说你们的坏话，但我听了还是很受用。

一般来说，年底大家都很忙，既然你们去帮工就要做出点样子给他们看。如果你们只是做做表面功夫，就如同画龙难点睛，不仅功亏一篑，反倒成了帮倒忙。但是，不愧是你们，真的与众不同，一直在各家店里忙活到大年三十的晚上，直到他们闭店后你们才离开。对于这一点，他们感触最深，也是昨晚说得最多的。

在此，我想举一个古人的例子，但这件事的真伪程度我也不十分清楚。我听说，在古代的日本，武士之间的厮杀中，有必须最后予以致命一击的说法，在现代人的眼里这件事很荒唐。一般来说，武士杀死对手，就应该到此为止收手了，但他们最后还要再补上一刀，目的是确认对手是真的断气了。那个时代，对武士来说，认为对手死了，草率离开战场，是绝对不被允许的。听说，即使武士知道对手已经死了，自己取得了胜利，但还是要再实施最后的"致命一击"，等到完完全全地确认战果后，才能彻底收兵回营。据说，这种战法，过去每一位武士都必须掌握。

我建议，你们也要掌握古代武士"致命一击"的做法。这当然是指做事情有始有终，做得彻底，要把它应用到自己日常的工作和生活中去，万事都要努力做到"心中有数"。

34   企业兴衰

企业随社会经济的发展而发展，随社会经济的衰落而衰落。这是企业发展的自然规律，与企业规模的大小毫无关联。

我与内人和内弟三人共创了今天的事业。所以，我非常清楚，在企业规模小的时候，小企业领导人很容易产生"这是我的公司，我想怎么干就怎么干"的念头。不知不觉中，他会收紧自己的钱袋子，把个人利益放在第一位，让员工和客户利益退为其次。可以说，这是大多数中小企业家的通病，是中小企业最容易掉入的陷阱。

我本人一直秉承"公司的事不是私事是公事"的原则。譬如，我从雇用十名员工时，就开始把公司资金与个人财产明确分开，每月都明确地记账，清楚地记录这个月卖出多少钱和赚多少钱，并向所有员工公布账目明细。

开始时，员工们对此都半信半疑，他们内心肯定想过："老板肯定是说一套做一套。钱，他自己该怎么花还是怎么花。"那个年代，没有哪家公司能像我这样做。为什么呢？道理很简单，几乎所有小公司的老板，连他自己都不知道本月卖了多少钱和赚了多少钱。因此，开始时，我的做法让员工们起疑在所难免。

随着每月公布账目活动的进行，员工们逐渐了解了通过自己的劳动公司赚了多少钱，这样极大地激发了他们工作的积极性。

"公私分明"是事业的根基。拥有几万名员工的公司与只有一个人的公司，在用人、用物和用钱上，都必须秉公办事。企业不是私人物品，这一点绝不能有半点马虎。

只要企业存在于社会中，它就会随着社会永远发展或逐步衰落，这是企业发展的自然规律和永恒真理。规模大小不决定企业的兴旺与衰落。

我刚创业时，手头的离职金加上存款，当时只有 100 日元左右。听上去，只有区区 100 日元就想创业，简直是天方夜谭。虽然那时我没有资金，但是我有资本，我的资本就是人才。企业的根本首先是人，其次才是财。我就是带着这种想法开始了我的创业之路。

　　幸运的是，我因一文不名才悟出了上述哲理，也许更应该庆幸的是，那时我真的身无分文。

35 命运共同体

　　企业家不应计较个人得失，要认真思考和明确自己在公司应承担的使命。员工们应理解、赞同和尊重这种使命。双方共同携手，努力实现这种使命。这才是理想的企业命运共同体，才能使企业变得强大无比。

　　有一种说法是，老板与员工之间需要建立一种命运共同体意识。我认为，不应该是建立在企业领导人与群众之间的和睦相处、和气生财基础上的那种脆弱的命运共同体，而应该是建立在把作为社会公有财产的公司肩负的使命与公司的每一个人对工作的使命感结合在一起的基础上的命运共同体。换言之，它意味着把公司每一名员工的使命感汇集在一起，组成公司的新使命。这种新使命的完全履行将使公司变得强大无比。

　　公司的经营者不应该计较个人得失，而应该认真思考作为企业主自己应当承担的责任和义务，并向广大员工明确公布自己在公司所承担的使命。员工们也应该认真理解、赞同和尊重这种使命。双方携手共同实现这种使命。这才是真正意义上的命运共同体。

在这种命运共同体中，老板与员工之间的关系应该是：万一公司陷入资金周转困难，老板无法从银行贷到款时，只要老板向员工开口说，"你们能借钱给公司吗"，员工们就算是东拼西凑，也会毫不犹豫地借钱给公司。我认为，双方应该建立起这种牢不可破的信赖关系。

建立这种相互信赖关系的基础是，老板必须用实际行动向员工证实自己的诚意，仅凭口头承诺员工是不起作用的。当初，松下电器生产电器插座使用的原材料——一种人工合成材质的制作方法，是企业当时的最高机密。为了表示我对公司员工的充分信任，我毫无保留地把企业最高机密告诉了他们。有人劝阻我说："如果员工辞职跳槽，这样做会让你的公司破产的。"但我始终认为，只要我能光明正大地做事，坚持透明地经营，开诚布公地公示公司的借款及盈利的状况，让广大员工真正了解公司的经营，我就一定能赢得广大员工的信任，他们作为员工也绝不会背叛自己的使命。这就是我几十年来一贯的经营思想。

在如何对待企业机密这个问题上，如果我从企业的政策和经营的策略上判断和处理这件事，我肯定无法获得广大员工的信任。既然我强调透明经营，就应该确保员工对企业任何事情的知情权。因此，向员工公布企业机密，不仅赢得了员工的信任，同时也充分证实了我搞透明经营的决心和勇气。这样做的结果是，增强了企业的竞争力，促进了企业的发展。

　　一般来说，企业的经营责任应该由企业主承担，企业主有可能搞垮公司，但工会是绝不希望公司倒闭的。乍一看，工会开展的工人运动很猛烈，一旦公司真正遇到生死存亡的难题，他们反而会出面保护公司。所以，工会对企业主来说是唯一可以放心的合作伙伴，是唯一可以开诚布公地谈判的对手，是非常难得的谏净者。

　　企业主与工会好比经营上的两只车轮，哪一个大一点都会影响公司的前进方向。特别是当员工人数增多后，对于大家心里想的事和实际做的事，企业主就很难百分之百地把握了，此时，工会就会把员工的意见收集上来转告给企业主。

从这种意义上说，工会干部肩负的使命远远超越了企业的高层管理者，他们想的事甚至超过了公司社长。我真心地希望，在公司里，我们的工会领导人能起到与社长同等重要的作用。

　　工会成立初期第一次劳资交涉破裂时，我曾经这样想过："松下公司的工会会员也就是我公司的员工，是我教育了他们，希望把他们培养成才。但是，难道他们学到的只有向我提出蛮横无理的要求这点本事吗？看来，这个责任应该由我来负。"

　　说到底，工会会员还是公司员工，他们与公司的利害得失应该是一致的。所以，我觉得企业主与工会会员之间的关系应该是这样的，即对企业领导人在经营上犯的错误，工会以及工会会员们应该诚心诚意地提出批评，帮助他们改正错误。对企业主来说，应该加强与工会及工会会员之间的沟通与协调，努力搞好经营，绝不能辜负工会会员们的殷切期待。

36 知难而退

> 不知进退者，不是称职的企业家。只要热爱自己的事业，自然会领悟到知难而退的重要性，选择好进退的有利时机。

我曾听一位擅长舞弄长枪的名家讲过，拔枪的一瞬必须快于刺进的那一刻，这种拔枪的道理令人回味无穷。在我们的社会里，能够不贻误战机，知难而退的人，才能成为各行各业的行家。

二战后不久，受人之托，我接管过一家快要倒闭的缝纫机企业的经营权。刚接手经营时，这家缝纫机企业还能勉强度日。但生产缝纫机毕竟不是我熟知的领域，再加上专业生产缝纫机的厂家很多，我知道我竞争不过它们，于是就早早收手不干了，干净利索地全身而退。这次失败也让我积累了另类经验，使我认识到，关键时刻的优柔寡断会造成更大的伤害，只要决心已下，就必须知难而退。

后来，我也投资过一些不成功的项目。那时，明知中途退出，会造成无法弥补的经济损失，但我已经知道了如果惧怕损失而无谓地坚持下去，后果会更不堪设想。于是，我每次都果断地退出，避免了更大的损失。

我的教训是，如果只是顾忌自身的名誉和地位，极力想保住自己的面子，只会陷入困局，当事者会半途精疲力竭，最终跌倒后再也爬不起来。其实，很多时候，对退或不退的问题，当事者都心知肚明，只是决心难下而已。

选择知难而退的有利时机，主要是靠灵感。听上去，好像是不科学的。因为现实中很难用科学去界定灵感，但在我们生活里它的确是存在的。但是，人的灵感并非与生俱来，也需要在实践中反复锤炼才能获得。说实在的，灵感真的很有效果。

灵感，这东西不是靠拍拍脑袋就能想出来，是要靠智慧去感悟才能得到的。释迦佛祖为了悟道，曾经入深山艰苦修行，仍然没能觉悟。但是，他在下山归途中，脑袋里突然灵光一闪，开始大彻大悟了。所以，想悟道并不一定能觉悟，只有经历过苦行僧般的修行，才能有机会茅塞顿开，大彻大悟。

根据我个人的经验，只有你们在独立创业后，才能有机会在事业上遭遇进退维谷的困境，才能真正面对生死攸关的时刻，你们亲身经历过这样的艰难险阻，才能真正从中悟出道理。因此，没有舍命修行的决心，不经历过千辛万苦，你们可能永远也不会真正觉悟。

在生活中，我们经常可以听到"不成功誓不罢休"这种豪言壮语，其实，真正懂得知难而退的人，才是高明的领导人。

此外，你们可能希望我指点一下迷津，想知道到底何时该退，何时是不得不退的最佳时机。其实，这也不是一件什么难事，只要你们能经常留意观察周围情况的变化，自然地就会发现进退的最佳时机。可以说，这也是一种最容易掌握的经营窍门。如果连这点窍门你们都掌握不了，就很难成为一名合格的企业家。当然，只有那些热心自己事业的人，才能轻而易举地掌握这些窍门。反之，对事业缺乏热情的人，将永远无法与它结缘。

此外，一般来说，公司扩大经营规模后，企业领导人因精力问题，很难全面把握公司的经营状况了。此时，如果他只了解到公司的部分情况就忙于下结论，这样做很容易导致经营上的失误。其实，更可怕的还在后面，企业领导人根本无法想象自己造成的失误会给公司带去无可挽救的惨痛后果。上述说法也适用于治理国家上，正如企业家稍有不慎会使传统的大企业瞬间倒闭那样，政治家稍有疏忽也会让一个国家顷刻间瓦解和崩溃。

特别是眼前事业正风生水起的企业，更应该加倍小心。此时此刻，如果这个企业里的每一个人都为眼前的成功沾沾自喜，拼命地向前看，就容易把不可能的看成是可能的，把不应该做的当成是成功的事业去做。企业主对那些难以取舍的事业，即便有心放弃，但碍于情感或面子而骑虎难下，会更犹豫不决。

所以，即便想做的事很多，也要充分衡量自身的实力，在充分考虑到自己与公司的具体情况后，对于那些不能干的事，决不能再伸手；对于那些必须停止的项目，一定要坚决收手，这才是正确的经营之道。

但是，对于年轻人来说，也不能一味地退缩，光想着干不好就不干。不要为一两次失败而气馁，要时刻保持积极向上的状态。你们要记住，前进中经常会遇到挫折与失败，在不断重复失败的过程中，你们就能掌握知难而退的要领。不经历挫折与失败，就想一步登天或功成名就，那就是异想天开，世界上也不会有这样的便宜让你们去白占。

你们要切记，在事业顺风顺水时，千万不要被胜利冲昏了头脑！历史上，贱岳大战后，柴田胜家的外甥佐久间政被胜利冲昏了头脑，没有执行柴田胜家的撤退命令，结果他被丰臣秀吉率领的军队打败了。

此外，我还有经常虚心向老前辈、批发商、零售商等生意伙伴以及普通顾客们请教的习惯。在倾听了他们的宝贵意见后，反复推敲和完善自己的想法或方案。我一直把所有的人都看成是自己的良师益友。其实，人的一生中，拜久经考验的内行为师尤为重要。

37 名师与严教

俗话说，棒下出孝子，严师出高徒。今天，在培养接班人的问题上，老式的严教已经跟不上时代发展的需求，应该让受教育者有更多机会掌握跟上时代气息的新知识。

企业的生死存亡不在于从事的行业或经营的内容，企业倒闭的起因全都源自企业的最高领导者。说到底，企业领导者的经营手段决定了企业的兴衰。

你们知道制刀名匠五郎正宗与他师父国光之间的关系吗？国光是一位非常严厉的师父，在他的严教下，五郎终于成为举世无双的一代名匠。

可是，今天的师父，仅凭旧式的严教方式，已不再可能教出现代的高徒了。师父不仅自己需要补充时代所需的新知识和新技术，还必须把这些新东西源源不断地灌输给自己的徒弟们，这才是现代意义上的名师。

总之，无论任何时代，严教都是教育的根本，但今天的教育不能再因循守旧，应该在脱离旧严教的基础上，时时增加充满新时代气息的新知识和新技术。

常言道，"名师出高徒"，能遇到一位好老师，是学生们的福气。

38 用"空气"感知

> 有人说，不用听诊器听就能诊断出病人病情，才算是名医。我认为，透过"空气"能感知公司经营状态的好坏，才算是称职的企业家。

优秀企业家应该具备一种透过"空气"就能感知公司经营状态好坏的超能力。比方说，从踏入工厂的第一步起，他就能透过"空气"，感知今天的生产状态是否正常。达不到这种境界，就不算是一名称职的企业家。

我听说，真正的名医从病人跨入诊所的那一刻起，即使不用听诊器，也能诊断出病人身体上的哪个部位有毛病。我最看不惯那些不看报表、不听汇报就不了解公司经营状况的企业领导者，他们的领导能力着实让人不放心。

当然，那些不懂得善待客户，对工作不负责任的领导者更令人担忧。作为一名企业的最高领导者，他只要拥有一颗善待顾客的心、一股重视工作的热情，我相信，任何困难都难不倒他，任何艰难险阻他都能攻克。那么，如何辨别那颗善待顾客心的真伪，我还是想举大扫除的例子予以说明。搞形式上的扫除，参与者都会心不在焉，效果肯定不佳，而抱着一颗让顾客在干净的环境中购物的心去参与扫除，肯定效果会大不一样。所以说，一个不尊重客户的企业领导者，绝不是一名称职的企业家。

此外，员工是不会搞垮公司的。即便是那些刚进公司的员工身上毛病多一些，只要企业领导者教导有方，那些毛病多一点的所谓不合格员工，早晚也一定能改掉身上的坏毛病。原则上，公司的经营责任应该全部由企业领导者承担。

我始终认为，企业里的员工大部分是好的，基本上都值得信赖。至少，迄今为止，我本人从来没有因员工闹事等，在工作上碰到过不愉快的事情，并且从来没有对自己的这种想法产生过一丝的怀疑。

因为员工素质的高低，责任主要在领导。领导者做得一般，就不要期待员工做得更好，这就是职场里上下级关系的真实状况。政经塾也是一样，只要校长领导有方，学校里的任何工作都会顺利进行下去。

我认为，当下日本社会之所以变得混乱不堪，责任就在那些盘踞在日本社会顶层的人身上，是他们领导无方造成了今天的困境。

第四讲 活法

充满了无限的希望，寄托着远大的理想

39　年轻的心

　　一种充满了无限希望和寄托着远大理想的精神在跃动，这就是青春的写照。不要只为今天我快乐而活着，不要只做满足现状的那种人，应该做一个对明天、后天以及未来寄托着远大理想和抱负的年轻人。

　　　　青春是一颗年轻的心，

　　　　充满着理想与希望，

　　　　孕育着勇气与力量。

　　　　让我们日日开展新活动，

　　　　让青春永驻我人生。

　　这是一首我非常喜欢的以青春为题材的诗。

　　的确，不能否认肉体上年轻的事实。但我认为，真正的年轻应该体现在精神上，它的重要性远远超过肉体上的年轻。一种充满了无限希望和寄托着远大理想的精神在跃动，这就是青春的写照。所以，当我们讨论年轻人的概念时，精神上年轻的因素是不可或缺的。

从这种意义上讲，现代年轻人过于安于现状。那种只满足于今天我快乐了的人越来越多，这样下去日本的未来令人担忧。

　　只满足于今天的安逸生活，就不会考虑明天或后天的事情，更不会对自己的未来以及日本和世界的未来，寄托美好的理想和远大的抱负。

　　当今社会，物质极大丰富，吃得好住得好，但这些都不是今天的年轻人自己努力得来的，全都是他们的前辈们努力奋斗的结果。如果年轻人能充分理解这一点，他们的内心就会很自然地产生一种感激的心情。有了这颗感激之心，年轻人就会产生愿意思考日本和世界未来的责任感和使命感。对年轻人来说，享乐主义是万丈深渊，一旦掉下去就再也爬不上来了。

　　世间万物都在生成发展，安于现状就会跟不上时代前进的脚步。当今社会的形势更加严峻，年轻人正面临着更大的挑战。

　　经常有人说，现在的年轻人没理想、没抱负，也没有奋斗岗位。事实并非如此。其实，年轻人想做和能做的工作要多少有多少，只是他们不去注意罢了。

比如，刮台风时人们只害怕台风带来的灾难，只对其造成的损失感到惋惜。其实，台风能给我们带来丰沛的雨水，它蕴藏着丰富人们生活的无限可能，只是我们今天没有注意到这些，更没能利用好台风，眼看着台风带来的雨水白白流走，还蒙受了它带来的灾难。假如，我们能大量建造水库来等待台风的到来，到那时，我们一定会非常感激台风的光临。

这样的例子不胜枚举，想听多少有多少，我只是列举了其中的一例。其实，年轻人能做的工作多的是，说什么年轻人无事可做，对未来不抱理想和希望等，只是因为现在的年轻人缺少寻找机会的动力和愿望，更缺少自我奋斗的精神。

另外，老年人做得也不够好。他们批评年轻人缺少霸气和活力，虽然对年轻人抱着殷切希望，但来自他们的帮助也只停留在口头上。老年人应该采取更多的实际行动教育和帮助年轻人，让其真正明白为什么一定要有活力，为什么一定不能沉迷于享乐之中。今天，如果老年人再不采取行动去认真帮助，年轻人再不努力去做，这些问题还将持续发酵下去，难以真正得到解决，导致年轻人只能虚度宝贵的时光，浪费了才华。我认为，在让年轻人走正道方面，长辈们的指导是必不可少的。

二十一世纪，年轻人肩负着重要的历史使命，我希望年轻人能不辱使命，跟上时代发展的步伐，把日本建设得更美好。眼前的这种混乱和低迷状况仍将继续下去。我相信，日本终将迎来一个巨大的转折期。如果我们把明治维新看作第一次革命，那么二十一世纪时，日本将迎来第二次重大的革命。

明治维新时，革命的中心力量是年轻人，坂本龙马、高杉晋作、桂小五郎等人都属于青年活动家，他们同心协力开辟了一个新时代。

所以，未来的这场维新革命也必须在有卓识远见的领导者的带领下，通过广大年轻人的积极参与来共同完成。

只要把有才干的领导者的伟大领导力与年轻人活力四射的行动力有机地结合在一起，就一定能为日本创造出另一个崭新的时代。

40 抓住机遇

> 自己的命运自己掌握。但机遇可遇不可求，关键是如何能及时感知到这种即便用科学也无法界定的机遇何时才能降临。

当今世界的趋势是，所有的国家都主张向日本学习。它们普遍认为：二战后的日本，做得太出色了，胜过其他任何一个国家，超越了欧美各国；日本人做什么都无可挑剔，他们的经营管理模式好，工会组织运行方式好，样样都是自己学习的榜样，应该全面开展对日本的研究。目前，全世界都掀起了对日研究的热潮。

其实，早在三十年前，我们日本也曾经极力赞许过美国，认为美国人无论是做产业，搞发明，样样都做得那么好，令当时的日本人羡慕不已。可是，仅仅过去了三十年，一切都发生了翻天覆地的变化，日本被世界用羡慕的目光注视着。

在这大好形势下，我们松下政经塾应运而生了。对我们来说，这可是千载难逢的一次机会，因此，我们决不能辜负广大民众的热切期待，是时候该大干一场了。说句实话，政经塾的诞生并不是我们自己努力的结果，得益于时势，让我们的工作引起了全社会的广泛关注。有道是，好运到了谁也挡不住，这反倒让我感觉到肩上的担子更重了，这就是我们共同面临的现实情况。对此，你们也要做好充分的思想准备，认清松下政经塾面临的大好而又紧迫的局势，因为它对决定各位的前途和命运，将起到重大作用。

我们不想坐享其成，但的确是外力作用，让我们做到了想做而难以做到的事情。能顺势搭上这班快车，说明你们很幸运，这一切都是命中注定的。因此，你们千万不要错过这千载难逢的绝佳机会。

所以说，从进入政经塾那天起，你们不仅拥有了远大的前程，同时也肩负起未来的重任。如果现在有人问你们："你们在这里能成功吗？"你们可以告诉他："我们会成功的。"之所以可以这样回答，是因为你们已处在成功的氛围中，具备了成功的基本条件。当然，现在还不能说成功是顺理成章的，但至少这种成功的机遇已经摆在你们的面前，为你们的成功奠定了坚实的基础。俗话说，你们撞到了好运，赶也赶不走，接下来，要看你们能不能牢牢抓住和充分利用这千载难逢的机遇。

因为，就算是西乡隆盛这样的伟大人物也会时运不济，错过了人生的最佳时机，最终在西南战争中，结束了短暂的生命。

反之，与西乡同为萨摩人（今鹿儿岛县）的大久保利通时运极佳，他与西乡同为促成明治维新的功臣，都很伟大，但最终，一位成了胜利者，一位战死了，日本能有今天离不开他们二人的付出。可惜的是，大久保利通最后也遇刺身亡了。

所以说，在我们的生活里，的确有一种在理论上无法阐释的神秘动向在起作用，关键是我们如何能及时或多大程度上感知到这种连科学也无法界定的动向。或许，我们可以在某种意义上称它为先见之明吧。其实，一个人的事业能否成功，最终能否出人头地，真的是谁也说不准，因为命运这东西实在太微妙……

41 珍视苦难

只有历经千辛万苦的人，才能悟出人间事理。享受丰富物质生活的人们，更应该用心去体会贫困生活。这样，你们的内心世界才会更加宽敞明亮。

如今，世界政治显露出一派穷困潦倒的衰败景象，政治衰败不仅局限于日本政界，在世界范围内这种现象都普遍存在。今天，能像你们这样悠闲自得地坐在教室里听老师讲课，在学校里安心地做研究，在我看来你们的生活太奢侈了。因为，日本表面看上去生活安逸，社会稳定，但实际上危机四伏，只是现在政府没有把危机的真相明确告诉老百姓而已。

面对这种危机四伏的状况，政府理应不断拿出新对策及时应对，同时，更应适时地向全体国民发出预防危机的警告。但政府不仅没有这么做，还特意向国民隐瞒了危机的真相。如此一来，日本的未来更令人担忧。

日本正徘徊在岔路口，没有谁知道该何去何从，也没有谁会告诉国民现在问题的严重性。当然，普通民众是不清楚的，其实他们也不想知道这些实情。因为，现在的日本人生活富裕，过着要什么有什么的奢侈生活，他们哪里还会想到危机已迫在眉睫，从心底里也不愿意去考虑这些问题。

过去，我们的前辈吉田松阴感到了日本的危机，为此，他接手了松下村塾。那时，村塾里的师生们生活非常艰苦，经常食不果腹，也不能悠闲自得地坐在书桌前学习。吉田先生是在这种艰苦的环境中，接手了松下村塾。虽然那时的生活很艰苦，生活质量低下，但每一个前来求学的人都心高志远，心中装的是日本的未来，他们很伟大。我认为，让他们变得如此伟大的根源就在于他们有过这段极度贫困的经历。

所以，那些敢于面对重重困难，经历过千辛万苦，不忘初衷又肯学习的人，才能茁壮成长，才能变得伟大。而那些不愁吃穿、生活富足的人，只因不了解人间疾苦，没有吃苦的经历，他们很难悟出人生哲理。应该说，那些亲身经历过千辛万苦的人，更有可能成长为一代伟人。

我也曾经历千辛万苦。小时候家里很穷，几乎是吃了上顿没下顿。有一次，我实在是肚子饿，就央求我母亲，向她要大米饭吃。母亲说家里没钱买米，只能给我做点稀粥喝。可是一合①的一锅稀粥里也就几十颗米粒。这种苦日子，我过了许多年。你们现在的生活很富裕，我估计如果放在过去，应该相当于古代大名，我那时过的是贫苦人家的生活，真是天壤之别。可是，正因为在我成长过程中有过吃苦的经历，我才从中学会了许多做人的道理。如果没有这段苦难的经历，我也不可能得到这些宝贵财富。

　　尽管如此，我并不是要求你们一定要过我以往的那种苦日子，我只是希望你们能在享受富裕生活的同时，心中要时刻装着甘愿吃苦的决心以及从贫困中学习的愿望。换句话说，当你们享受富裕生活时，更要珍视和用心去体会贫困生活，要真正懂得吃苦的重要性。遗憾的是，今天可能已经没有人可以传授你们吃苦的经验了。

　　总之，即便你们没有机会亲身经历千辛万苦，你们也

---

① 合，为中国古计量单位，约0.18公斤。日本人说1合为180ml，约140克。

必须了解什么是贫穷，什么是困苦。当然，假设你们真有机会身临其境，即使没人教授，你们也会无师自通，自然会从中学到许多意想不到的宝贵东西。总之，只要你们能领悟出吃苦的重要意义，你们的内心世界就会变得更宽敞明亮。

我一直在想，既然让你们吃了好吃的东西，就没有必要特意让你们去吃不好吃的东西，你们也没有必要主动去吃难吃的东西。但此时此刻，我希望你们能明白：在大千世界里，仍然有许多难吃的东西；在当今世界中，还有许多人吃不饱肚子，尤其在非洲，还有更多人在忍饥挨饿，过着贫困潦倒的生活。

42 战胜烦恼

> 没有人不烦恼，有烦恼是理所当然的。我劝你们，带上烦恼继续前行吧！

塾生问：我经常因自身定位不清而烦恼。

松下答：你问得好。我现在也有烦恼，佛祖也会烦恼的。只要人活着，谁都会有烦恼。如来佛祖伟大吧，他也有过烦恼，他的烦恼是弟子们不明白自己的教诲。你不如佛祖伟大吧，所以，有烦恼理所当然。烦恼会伴随你的一生，我劝你，带上你的烦恼继续前行吧！

世上没有不烦恼的人，聪明人更容易烦恼。我当然也有烦恼，眼前的烦恼之一就是对你们各位塾生的培养问题。

所以，不光你有烦恼，在座的各位都有烦恼。有烦恼不用怕，克服和战胜烦恼才是你们应该采取的唯一正确姿态。我倒是希望你们经常被烦恼打扰。

43 大气人生

有更好的路可供选择吗？这条路行得通吗？迟疑不定
触犯人生大忌。一旦选定前进道路，选定了追随者，就不
能再犹豫不决。人要有甘愿上当受骗也在所不惜的大气魄。

"盲从"这个词有贬义的意思。某种意义上，当你们
一旦选定了追随者，就需要有这种盲从的傻劲。此时此
刻，如果你还要从前后左右再仔细观察你的追随者，就会
发现这个人"怎么鼻子那么低""眼睛那么小"。你们会横
挑鼻子竖挑眼，满眼看的都是缺点。所以，在对追随者的
选择上，决不能太较真，一旦下定决心去追随某个人后，
你们的眼睛里看到的应该全是对方的优点，这样才能心甘
情愿去追随他。反之，对追随者评头论足，满脑子装的都
是他的毛病，心里都是自己跟随他能否成功等疑虑，这种
迟疑不定触犯了人生大忌。当然，你们的怀疑也许真有道
理，但此时此刻如果脑袋里装的都是这些问题的话，就会
导致你们优柔寡断，白白浪费宝贵时间。

这是我从亲鸾圣人身上悟出的一个道理。你们年轻，可能还不太了解亲鸾圣人，亲鸾圣人去过比叡山修行。那个时代，和尚们都去比叡山修行。那次，亲鸾圣人修行没有成果，就独自一人下山了。途中，他看到法然上人领着信徒们诵读南无阿弥陀佛，他也走进去听法然上人讲经布道。听着听着，法然上人的一句话让他茅塞顿开。法然上人说："其实你们不需要学会多么深奥的佛法，只需要高声诵读南无阿弥陀佛，就能前往极乐世界。"听了法然上人这番话，他顿时心有感悟。他想：即便法然上人这么说不对，那也没关系，只要自己认为有道理，自己心里感到满意就足矣了。即便是自己的领悟出了大错，为此下了地狱，那也在所不惜，正所谓"朝闻道，夕可死矣"。

　　亲鸾圣人的话昭示了一个道理，为了实现自己心中的理想，即便是上当受骗，即便是下地狱，那里也是心中的极乐世界。亲鸾圣人的人生有着不撞南墙不回头，甘愿上当受骗也在所不惜，能大彻大悟的超大气魄。

　　我希望，你们也能拥有像亲鸾圣人那样的大气人生。人生中，如果缺少顶天立地的大气魄，遇大事时，必定畏首畏尾，迟疑不定，总是害怕自己上当受骗，担心自己哪里做得不对，幻想还有没有更好的路可供选择等。请务必记住，迟疑不定是人生大忌，你们决不可犯这样的错误！

44 一心为公

> 计较个人得失或贪图升官发财的人，最好不要当政治家。一旦当上政治家，遇大事他们必铸成大错。

在明治维新时代，有两个响当当的人物，一位叫西乡隆盛，一位叫大久保利通。他们二人是同乡，也是挚友，并肩联手完成了明治维新的大业。他们还是多年的同事，直至征韩论后，才彻底分道扬镳。在这件事上，大久保反对发动战争，西乡坚决主张征服朝鲜，两个人的意见分歧严重。

最终，大久保获胜。大久保认为，现在日本不应该染指战争，应该做的是尽早吸收外国的知识，立即着手重建日本。如果去征服朝鲜，会延迟日本的重建，所以他坚决反对战争。但西乡则坚决主张征韩，他甚至说过，就算派自己一个人出使朝鲜，也要赢得这场胜利，至死也不会改变自己的主张。大久保与西乡，两个人针锋相对。

那时，可能是岩仓具视担任太政大臣（相当于现在的总理大臣），他最终决定不与朝鲜进行战争。如果按西乡的话去做，派他出使朝鲜，势必不会活着回来，大家也不忍心让他白去送死。最终，内阁决定不发动征伐朝鲜的战争，西乡反倒认为是他们让自己丢了面子，自己不是因个人野心膨胀才主张征韩论的，自己所做的一切都是为了国家的利益。他还说如果不采纳自己的建议，就辞去陆军大将之职。西乡为此真的归隐了故乡，这才有了那场西南战争。

在此之前，发生过江藤新平的佐贺之乱。当时，江藤新平是参议，西乡和大久保也是参议，那时的参议大约相当于今天的内阁大臣。江藤返回故乡佐贺，起兵造反。大久保利通的伟大之处就在于他能审时度势，他认为，如果我们漠视不管，各地均会发生叛乱，那将导致更大规模的内战。不能让起义浪潮席卷全国，这次我们一定要彻底消灭叛乱者。为此，他专门远赴佐贺，最终获得成功，逮捕了江藤新平并当场斩下了他的首级。斩首之事看似有点不近人情，因为昨天还是同僚，都是参议，地位也平等，但大久保抓住江藤后，毫不留情地斩下了他的首级，恐怕这件事也只有大久保才能干得出来。后来，大久保也被暗杀了，或许他早就下定了为国捐躯的决心。

如果那时没有像大久保利通这样的政治家，后来的日本不知道会变成什么样子。大久保利通坚信，此时稳固政权才是当务之急，自己决不能被什么感情或者所谓的友谊束缚，为了替天皇建立一个新兴的日本政府，自己就不能徇情枉法。他的敢作敢为创建了今天的日本。

人世间有敢做和不敢做的两种人，其中敢做的人比较罕见。那时，恰好出现了这种罕见的人，应该说这是日本的福分。如果当时没有这种人出现，后果真不堪设想。对你们来说，应该培养这种遇大事能舍弃小我，为国家的利益决不妥协的精神。平时，多考虑一下私情还情有可原，一旦遇到重大事件时，决不可顾及私情，计较个人得失和顾虑个人前途。

其实，作为政治家，不仅会经历和平时期，也可能遇到战乱时期，无论什么时候都应该有为政治献身的觉悟。从你们当上政治家那天起，就要有为国家和社会随时贡献自己生命的觉悟。那些只为个人得失或个人前途乱动心机的人，最好不要去当政治家，也许去搞事业，当个企业家更合适。想当政治家，必须抱定无论何时何地都愿为国捐躯的决心，否则一旦遇到大事，必定会犯下无可弥补的大错。

45 掌握命运

生为日本人就要好好生活，好好工作，这是命中注定的。进入政经塾是好运在向你们招手，你们要牢牢把握住这难得的机遇，值得为好运赌上自己的未来。

你们可能谁也没想过自己为什么生为日本人，也许只知道作为日本人自己要好好生活，好好工作。如果把这一切都说成是命，几乎没有人会相信，但我也只能说这就是命中注定的。

其实，对你们来说，能进入政经塾学习就是命中注定的，是一种好运在向你们在招手，能不能抓住这难得的好机遇，全靠你们自己的努力。

为此，你们要放弃急功近利的想法，要下定宁可赌上全部人生也在所不惜的决心。我希望，你们要为这次难得的机遇，豁出身家性命，赌上自己的全部未来。

46　忍辱负重

想平安度过一生，就要学会忍耐。喜怒哀乐可以表达，要做到适可而止。即便是在极度愤怒时，也要一忍再忍，要学会忍辱负重。

企业家必须有公司重任一肩挑的责任意识。这样的话，才能在工作中小心谨慎，不做出轻率的举动。要做到遇事时能一忍再忍，要学会忍辱负重。

翻开历史，我们可以看到那些夺取天下的大人物，都能忍辱负重。德川家康就能忍辱负重，对一般人都会感到义愤填膺的事，他也不会生气。当然，我也想这样做，但就是学不来，所以我无法取得天下（笑声）。总之，打天下更不容易，需要付出更多更大的忍耐力。即便是平民百姓，若想平安地度过一生，也需要做出某种程度的忍耐。喜怒哀乐可以表达出来，但也要做到适可而止。

编者后记

本书素材全部来自本塾收藏的部分未公开的松下校长的讲话录音。在编撰工作中，我反复倾听了享誉世界的一代著名企业家松下先生那深沉的语调和谦逊的言语。

书中，松下校长讲道：

我没上过学，我所讲授的一切都是通过我亲手触摸、亲身体验和切身感受获得的。所以，我讲授的内容完全有可能与现代的流行说法不符。因此，在你们习惯之前，会听不懂我的话中话或者搞不清楚我的真实想法，但我希望你们能耐心地坚持听下去。当然，在听不懂时，你们随时可以打断我的讲话，大胆提出疑问。

对于你们的提问，许多情况下我会用自己的亲身体会做解答。我不会用讲义的形式，对你们讲大道理，我回答的内容应该简单明了。我会告诉你们一些在遇到问题时应如何思考，如何处理的方式方法。在你们理解之前，应该很难听懂我的话。所以，听不懂不要装懂，更不要假装客气，尽可能把心中的疑虑向我刨根问底地提出来。我自己不懂的地方，也会明确告诉你们我不知道，或者会说让我想想后再答复你们。

总之，对你们来说是学习，对我来说同样是学习，让我们一起学习吧！我的基本想法是：你们想问什么都可以，不必多虑。更无须担心提出的问题过于奇怪，会让自己在众人面前丢脸。

我愿意与你们一起学习。你们无须多虑，想怎么刨根问底都行，更不必拘泥形式。

这就是当时已经八十五岁高龄老人的心里话，这让当时在场的年轻塾生们更加意志坚定，越发踊跃发言了。

在本书中，松下校长说道："人活着就要有宏伟的理想和远大的抱负。"他也正是按照这条信念严格规划了自己的人生。松下校长还说过：我无法阻止自己的身体衰老，但我的心永远不会输给你们年轻人。松下校长这种积极向上的人生观铸就了他的光辉一生，更让他在去世后继续赢得了广泛的爱戴。

下面展示的书法是 1965 年松下校长亲笔挥毫的书法作品。

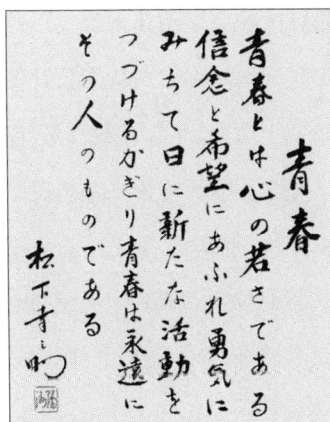

当时，在知识分子和企业家之间广泛流行塞缪尔·乌尔曼的《青春》这首诗，松下校长也十分爱读。后来，他按照自己的想法，用独特的方式改编了这首诗。

无论是在青年时代、中老年时代，还是在步入耄耋之年后，松下校长永远都拥有一颗年轻的心。因此，他殷切地希望眼前这些肩负未来的领导者以及现在担当大任的领导者，都能拥有这样年轻的心。

"造物之前先育人""别人的意见永远有理""办法是人想出来的""下雨就该打伞"。此外，松下校长还讲过许多至理名言，所有这些都是他几十年实践经验中积累的智慧结晶。为此，我从本塾收藏而从未公开的讲话录音中以及从自建塾以来截至 2001 年 3 月的《松下政经塾报》上登载的文章中，精选了松下校长在本塾授课期间的部分至理名言收录在本书中，推荐给各位。

最后，在本书编撰发行期间，承蒙 PHP 综合研究所董事佐藤悌二郎和经营理念研究本部各位先生的鼎力相助，在修订讲话录音和编辑发行方面获得 PHP 综合研究所出版部副总编辑藤木英雄的大力支持和宝贵建议，借此机会一并表示衷心感谢。

我真心希望书中推荐的松下语录能成为诸位日常活动中的励志明言和精神支柱。

金子一也

松下政经塾 政经研究所长

2010 年 6 月

金子一也

松下政经塾第 12 期塾生，早稻田大学学士，朝日大学法学院硕士。2010 年担任松下政经塾政经研究所所长，参与松下幸之助的经营理念与育人思想的推广与研究工作，参与编辑了《致未来领导者》《松下幸之助的国家新构想》等书。2016 年起担任松下政经塾研修局长，2018 年起担任松下政经塾理事兼教务长。主要著作有《松下政经塾讲义最佳选择篇～地方自治篇》《宪法（Next 教科书系列）》。

译后感

我与编者金子一也是松下政经塾第 12 期的同班同学。目前，松下政经塾已经培养了 39 期塾生。

我于 1991 年，作为首位外国籍塾生进入松下政经塾学习。我们在政经塾学习期间，松下校长（首任校长）已故去，他留下的大量讲话录音成为我们直接接触松下校长的唯一途径。说句实在的，就算是今天，每当我回想起录音中松下校长那浓浓的略带和歌山口音的关西腔（地方话），既感到亲切，又头皮发麻，心中发怵。

我从小学三年级开始学习日语，自认为已能熟练掌握这门语言。但实际上，我学习的只是日本标准语（相当于中国的普通话），即以日本关东地区方言为主的语言体系，对于关西地区方言，我只能说是一知半解。关东方言与关西方言相当于咱们的北京话与上海话之间的差别，更何况是耄耋老人的浓浓关西腔中又夹杂着和歌山地区的地方土话，每次都让我听得如堕云雾中，常常叫苦不迭。为此，我经常向金子一也等同学请教。当然，即便是作为日本人的金子等同学，也会因为录音的质量不佳以及松下校长身体状态不好时语音不清晰等，需要反复听几遍才能真正听懂。我估计，他们第一次听录音时，最多也只能听懂百分之六七十吧。可想而知，金子同学从海量的讲话录音中精选和整理本书所需的相关资料，其难度之大和工作之多。

松下校长思考的育人方式与众不同，这可能与他从小就辍学打工，一身的知识和一生的成就全靠他在人生的实践中一点一滴打磨出来有关。因此，他更注重让受教育者亲身参与社会实践活动，从实践中获取更多的智慧才能，从千辛万苦中领悟人生的哲理。在他的亲自授意下，松下政经塾校方要求塾生每天早晨起床后必须对校院内外进行大扫除，还在研修课时里专门设置了"扫除"的研修科目。我们在校期间，校方专门为我们外聘了日本最著名的"扫除导师"——某汽车零配件公司的键山社长指导我们的"扫除课"。我现在还清楚地记得，在某次指导课上，键山社长竟把我清洗过的小便池底部的类似小碗状的存水槽取出倒上清酒让我喝。当时我非常尴尬，不敢端起来喝。其后，键山社长亲自取出自己清洗过的存水槽倒上清酒，当着我的面一口喝干。他告诉我说："扫除谁都能做，但一定要满腔热忱，全身心投入才能真正做好。我只是比你更用心清扫了。"这朴实的语言，不仅让我当场羞愧不已，更让我至今难以忘怀。

其实，松下校长从辍学打工就开始了早起扫除，每天清晨他不仅打扫自家店前的街道，还打扫左邻右舍门前的路面。他在书中讲道："我原本体弱多病，如今八十有余，但迄今为止我仍然坚持参加早起大扫除的活动。年轻时，偶然的机会，我不得已干上了打扫庭院和清洁街道路面的活儿，一直坚持到今天。这就成为我一生中从实践中学习的一个重要组成部分。扫除的活儿不需要动脑，只需要活动身体就行，但正是这种平凡的扫除才成就了我今天的一番事业。"这才是松下育人思想的精髓所在，也是我在松下政经塾学习期间的最大收获之一。

本书中，编者几乎完整、未做任何大修改地采用了松下校长录音中的原始讲话内容。松下校长那朴实无华、接地气的语言，让读者感到非常真实和亲切，仿佛是在聆听一个老父亲讲述自己的生平事迹。虽然在翻译上我感到十分棘手，但从感情上，我更喜欢这种文字的表达方式。遗憾的是，本人中、日文水平都很有限，无法把松下校长的语言原汁原味地翻译给各位读者品读。对此，我深感惭愧与遗憾，也敬请各位读者多多谅解！

最后，衷心感谢金子同学的鼎力相助！无论是在政经塾学习期间还是在本次翻译之中，每逢我遇到难题时，他都会及时给予我建议，帮助我解答。

谢谢！

任世宁

松下政经塾第 12 期海外塾生

2018 年 8 月 26 日

图书在版编目（CIP）数据

感召力：松下幸之助谈未来领导力 /（日）松下幸之助 口述；日本松下政经塾 编；任世宁 译 .— 北京：东方出版社，2020.4
ISBN 978-7-5207-0720-6

Ⅰ . ①感… Ⅱ . ①松… ②日… ③任… Ⅲ . ①松下幸之助 (1894-1989) —领导学 Ⅳ . ① C933

中国版本图书馆 CIP 数据核字（2019）第 002289 号

本书中文简体字版权由汉和国际（香港）有限公司代理
中文简体字版专有权属东方出版社
著作权合同登记号 图字：01-2018-7322号

感召力：松下幸之助谈未来领导力
（GANZHAOLI：SONGXIAXINGZHIZHU TAN WEILAI LINGDAOLI）

口　　述：[日]松下幸之助
编　　者：日本松下政经塾
译　　者：任世宁
责任编辑：贺　方　钱慧春
责任审校：金学勇　谷轶波
出　　版：东方出版社
发　　行：人民东方出版传媒有限公司
地　　址：北京市朝阳区西坝河北里 51 号
邮　　编：100028
印　　刷：北京联兴盛业印刷股份有限公司
版　　次：2020 年 4 月第 1 版
印　　次：2020 年 11 月第 3 次印刷
开　　本：787 毫米 ×1092 毫米　1/32
印　　张：5
字　　数：61 千字
书　　号：ISBN 978-7-5207-0720-6
定　　价：38.00 元
发行电话：（010）85924663　85924644　85924641